JN096329

文法力を発信力に変える

Activate

Output Training
based on Essential Grammar

米山達郎＝著

IIZUNA SHOTEN

音声再生アプリ「いいずなボイス」の使い方

本書では，無料音声再生アプリ「いいずなボイス」を利用して，英文や日本語の音声を聞くことができます。

■音声の再生方法

(1) スマホ，タブレットから，Apple Store, Google Play で「いいずな書店」を検索し，無料アプリ「いいずなボイス」をインストールします。

(2) 「いいずなボイス」を起動し，右側の書籍認識用の QR コードを読み取ります。これで音声再生の準備ができました。

(3) 音声を聞きたいページの QR コードを読み取って，音声を再生します。例文が一つ読まれますので，次の例文の音声を聞くときには，アプリの
　　 ▶ (次へ) ボタンを押してください。

(4) 画面には，例文番号が表示されます。

＊音声を再生する際にデータ通信を行うため，通信事業会社に対する通信料が発生します。長時間のご利用の場合は，Wi-Fi 環境でのご利用を推奨します。

はじめに

みなさん，Activate の世界にようこそ。
Activate は英文法の知識を土台にして，英語のアウトプットの練習するための本です。

語学の基本は語彙と文法。特に英文法の知識は英語学習には不可欠です。ただし，英文法はその知識の習得そのものが目的ではありません。あくまでも「英語を聞き読み，英語を話し書く」というコミュニケーションを支える土台として英文法の知識を習得すべきです。最終目標は「英語を聞き読み，英語を話し書く」ことです。目的と手段を混同してはいけません。

みなさんは，英単語をたくさん覚えても英文がきちんと読めない，英文が正確に書けないという悩みがありませんか？　英文の読み書きができない原因は，英文法の知識が欠けているからです。英文法の知識がないと，自分の読み方が正しいかどうか，書いた英語が正しいかどうかの判断ができません。さらに，英文法の知識があれば丸暗記の手間は大幅に減りますし，人生で初めて出会う英文の意味を大きく誤解しないで済み，かつ，今まで表現したことがない新しい英文を無限に創り出すことができるのです。

スピーキングやライティングの学習方法のひとつに，定型表現集でたくさんの場面や状況の英文を覚えるというものがありますが，それだととにかく大量に丸暗記するだけで応用が利きません。なぜなら，そこに書かれている特定の状況や場面でしか使うことができないからです。一方，すでに理解している文法知識を土台にして英文を覚えれば，状況や場面に応じてその覚えた英文を柔軟に変化させて応用することができます。一般化・体系化された文法知識がベースにあるのですから，個別の具体的な状況に応じて，文法知識を用いて覚えた英文や表現を細かく微調整できるのです。結果として，スピーキングやライティングといった英語のアウトプットにこそ英文法の知識が欠かせないということになります。

残念なことに「スピーキングには英文法は不要」とか，「英文法なんていちいち考えていたら話せない」といった意見もあります。確かに日常的に英語を使って仕事をしているビジネスマンのような「英語上級者」なら，英語を話す時にいちいち細かい文法知識を意識することはないでしょう。しかし，それは意識しないで済むレベルに到達するまで，意識して話す練習をそれこそ数え切れないくらい長期間に渡り実行してきたからなのです。最初から英文法を意識しないで英語を話すことは不可能です。英文法の知識を活用する意識的な練習の積み重ねをすることで初めて，無意識に文法的に正しく話せるというレベルに到達するのです。

サッカーボールを与えて好きにプレーしろという指導者はいません。まずボールの蹴り方やキープの仕方などの細かい技能を丁寧に指導して，それから身体が覚えるまで反復練習をさせるはずです。バイオリンはすぐには演奏できません。弦の押さえ方や弓の動かし方など，一つ一つ意識的に練習することを通して初めて，自然な美しい音色が出せるようになります。ブラインドタッチのできる人は，そのために何度も何度も意識的な練習を繰り返したことでしょう。このように，どのような技能であれ，その技能を習得するには「まず意識的な練習を繰り返す→その結果として無意識に実践できる」という2段階のステップを経るのが真実なのです。ですから，特に英語を習い始めたばかりの初心者は，「英文法をいちいち意識して練習する」くらいがちょうど適切な学習態度だと言えます。このような意識的な文法学習によって，学習した英文法の知識はだんだんと意識の奥底に沈み込み，時間が経てば無意識のうちに正しい文法知識を運用できるようになるのです。

本書では，私の共著である『英文法・語法 Vintage 3rd Edition』の〈Field 1　文法〉で取り上げた文法項目の中から【基本】項目を取り上げ，アウトプットの基盤として使えるように徹底的に演習します。みなさんが Activate を使って意識的な練習を積み，将来的には無意識に英語がアウトプットできるようになることを心から願っています。頑張ってください。

2019 年 12 月
米山 達郎

もくじ

Step 1 Grammar Check
日本語を参考に，対話を完成させよう

Step 2 Dictation
英語の音声をよく聞いて，空所にあてはまる語を書き取ろう

Step 3 Listening & Oral Reading
音声を繰り返し聞いて，まねして音読しよう

Step 4 Writing
日本語の音声を聞いて，意味を考えながら英語にしてみよう

一度声に出してから書くようにしよう

Step 5 Advanced Exercise
例文 B を使って，力がついたことを確認しよう

別冊例文集

Vintage 3rd Edition

Activateのコンセプトチャート

★152の例文で《必要十分な基本文法》を確実に習得。
★同じ例文を《5つのStep》で反復的・多面的にトレーニング。

【元になる例文】 文脈のある対話形式

001 　□□□□

A : Do you usually walk to school?
B : No, I don't. I **always go** by bus.

基本文法を体で覚えるための5つのStep

【Step1】 穴埋め問題と文法解説で Grammar Check

001　　A : Do you usually walk to school?
□□□　B : No, I don't. I always (　　　　　　) by bus.

　　　A:ふだん歩いて学校に行きますか。
　　　B:いいえ。いつもバスで行きます。

□ 001　習慣的な動作を表す always に注目　●現在時制 **V1**
▶「いつもバスで行く」という日常的にくり返す習慣的な動作を
　　述べているので，現在時制（go）で表す。
●重要表現 □ **walk to school**「歩いて学校に行く／徒歩で通学する」
　　　　　　・「通学する」の場合は無冠詞になる。
　　　　　　・□ go to school「学校に行く／通学する」, □ go to college「大学に行く／大学に通う」
　　　　 □ **by bus**「バスで」
　　　　　　・交通手段を表す場合は無冠詞になる。
　　　　　　・□ by car「車で」

【Step2】 英語の音声を聞いて Dictation

001　　A : Do you usually walk to school?
□□□　B : No, I don't. I (　　　　　) (　　　　　　) by bus.

【Step3】 英語の音声を聞いて発音してみる Listening & Oral Reading

【Step4】 日本語を聞いて英文を完成する Writing

001　　A : Do you usually walk to school?
□□□
　　　B : No, I don't. ＿＿＿＿＿＿＿＿＿＿＿＿＿＿＿＿

【Step5】 よく似た例文でダメ押しの Advanced Exercise

001　□□□□□

A : Do you usually take the train to work?
B : No. I **drive** to work.

Activate のコンセプト，構成・使用法，特長

＊ Activate のコンセプト

　英語に関する文法知識はあっても，実際に英語を話したり書いたりする段階で，その文法知識を正しく活用することはなかなかできないものです。なぜなら，「英文法の知識がある」という状態は，「英文法がわかった，覚えた，知っている」という**知識がインプットされた段階**に留まっており，ここから「英文法を利用できる，話せる，書ける」という**知識をアウトプットできる段階**にまでレベルアップする練習が必要になるからです。この「英文法のアウトプットの練習」こそが，まさに Activate の目的に他なりません。そのために，Activate では様々な工夫を施していますので，その狙いと使い方を十分に理解してから本書に取り組んでください。

> 英文法の知識はある（＝インプットは完了）
> ↓　Activate で練習を積むと…
> 英文法の知識を利用して正しく話せる，正しく書ける（＝アウトプットに生かせる）

＊ Activate の構成と仕掛け

　本書は以下のような Step で構成され，それぞれに目的があります。必ず Step の順番通りに学習を進めてください。各 Step の学習目的を常に意識して取り組むことで，学習効率は飛躍的にアップします。

Step 1	Grammar Check	：文法ポイント 152 の確認と理解
↓		
Step 2	Dictation	：「目と耳のギャップ」を体感
↓		
Step 3	Listening & Oral Reading	：音をまねて発音できるようにする
↓		
Step 4	Writing	：日本語から英語を作り出すトレーニング
↓		
Step 5	Advanced Exercise	：別の例文を使って，アウトプットトレーニング

Step 1　Grammar Check　　　**文法ポイント 152 の確認と理解**

　日本語を読んで空所に英語を記入します。**英文で使われている文法ポイント 152 個をすべて確認する**ことが狙いです。この 152 個の文法ポイントは，Vintage 3rd Edition〈Field 1 文法〉の「基本」項目です。ここではまだ特に音は使いません。具体的な対話の中で，自分の知っている文法知識がどのように使われているかまで注意を払いましょう。知識が不十分な場合は Vintage の該当箇所を読んでみることを勧めます。

Step 2　Dictation　　　**「目と耳のギャップ」を体感**

　音を聞いて空所に英語を記入します。空所は文法ポイントです。**音声をよく聞いて，Step 1 で学習した文法知識もフル活用**して，答えを作ってみましょう。Step 1 と全く同じ文法ポイントなのに，目で見て理解できても，耳で聞いてみるとどうでしょう。「空所に入る解答はなんとなくわかるけど，音で聞いてみるとずいぶん印象が異なるなあ」ということが実感できると思います。ここでは「目と耳のギャップ」を実感することが目的です。**このようなギャップを埋めるにはどうすれば良いのか?**　その答えは Step 3 の Listening & Oral Reading にあります。

Step 3	Listening & Oral Reading	音をまねて発音できるようにする

　Step 2 で実感した「目と耳のギャップ」を埋めるために，いよいよリスニングと音読の練習をします。こ
こが本書の中で一番重要な Step です（別冊の例文 A を使います）。今までの文法ポイントの理解は「目で
見てわかる」という視覚優位の状態でした。その状態を「耳で聞いてわかる」という聴覚優先の状態まで
引き上げていきます。**英語の音を完全に聞き取る→英文を自然に音読できるようになる**ことを目指してくださ
い。リスニングは，「英単語の見た目と聞こえ方のずれ」を意識して注意深く耳を澄ましてください。音読は，
モデル音声に可能な限り近づけるように練習をしましょう。正しい発音ですらすら音読できることが到達目
標です。

Step 4	Writing	日本語から英語を作り出すトレーニング

　Step 3 でリスニングと音読の練習を十分にやったので，「目と耳のギャップ」もずいぶんなくなり，うま
く音読ができるようになっていると思います。ところが，「英語の音をまねて音読する」という行為は，下
手をすると「意味を考えないでオウム返しをする」という機械的作業に陥る危険性があります。ですから
Step 4 では「意味を考えた英語の再生」という本来の目標に戻るために，日本語を聞いて英作文をします。
**「英語の音だけの再生」に傾きすぎた脳内回路を，「日本語の意味を英語で再生する」というあるべき脳内
回路に戻す**ことが狙いです。ただし，「日本語を見て→英作文」ではなく「日本語を聞いて→英作文」とい
う仕掛けがポイントになります。

> ・母語である日本語を聞いて（＝耳を使う）　・その意味まで考えた上で英語を発話し（＝口を使う）
> ・さらにその英語を紙に書き（＝手を使う）　・その英文の意味と形が正しいかどうかを確認する（＝目を使う）

という複合的な作業を通して，みなさんの感覚器官と運動器官はフル活動することになります。
自分の身体を使った体験は，その分だけ脳内記憶に深く刻まれるので忘れにくいものです。五感を総動員
して 152 個の例文をより完璧に長期記憶に定着させましょう。
みなさんは，これまでの学習を通して，

> 英語を聞き（＝耳を使う）　英語を読み（＝目を使う）　英語を話し（＝口を使う）　英語を書く（＝手を使う）

というトレーニングの成果が実を結びつつあるのを実感できると思います。

Step 5	Advanced Exercise	別の例文を使って，アウトプットトレーニング

　Step 1 ～ Step 4 を終了した今，みなさんの「英語のアウトプットの能力」は飛躍的にアップしました。
ここまでやれば，もはや文法ポイントを大きく間違えることはなく，文法的に正しい英文の骨格までは作れ
るようになっているはずです。ダメ押しとして Step 5 では例文 A とは異なる例文 B を用いて，以下のアウ
トプットの作業を行います（別冊の例文 B を使います）。ここではより実戦的に「課題」を解くつもりで取り
組んでください。

> 課題1　英語を目で見て読んで日本語の意味を考える。実際に日本語を口に出すのが理想的。
> 課題2　日本語を目で見て読んで英語にする。英文を声に出してみて，次に書いてみる。
> 課題3　英語を聞いて日本語の意味を考える。実際に日本語を口に出すのが理想的。
> 課題4　日本語を聞いて英語にする。英文を声に出してみて，次に書いてみる。

例文が変わっても文法ポイントは変わりません。ということは，例文Aでできた作業は例文Bでもできて当然のはず。ところが，実際にやってみるとけっこう課題を間違えるはずです。それでは，なぜ例文Aではできたのに例文Bになったらできないのでしょうか？

　その答えは「語彙力が足りないから」です。せっかく文法ポイントを生かして英文全体の大きな骨格を作ることができても，その骨格を埋める血肉となるべき語彙というパーツの絶対量が不足しているわけです。「はじめに」で「語学の基本は語彙と文法」だと述べましたね。まさに基本となる語彙が少ないせいで，自分が表現したい英文をアウトプットできないのです。ということは，みなさんが今後やるべき学習の方向性は明らかです。今後は文法知識に加えて，使える語彙をどんどん増やしていきましょう。まずは，Activateに出てきた語彙を完璧にしてください。特に「重要表現」はふだん頻繁に使われ，大学入試でも頻出するものばかりなので，完璧に覚えるようにしてください。このように英文法の知識を土台として語彙を増やしていき，英文を聞き読み，英文を話し書くというのが英語学習の王道なのです。

＊ Activate の特長
1) コミュニケーションを意識した英文

　Activateの例文はすべて対話形式にしています。「質問＋返答」がコミュニケーションの基本だからです。対話の英文を扱うことで，学習者はその対話に擬似的に参加し，当事者感覚が芽生えることになります。英語のアウトプットを「やらされている」という受動的な態度ではなくて，英語のアウトプットを「やっている」という能動的な態度が生まれるわけです。対話なら日常生活の具体的な状況に即したペアワークの練習も可能になります。状況がよくわからない1つの英文だけをずらずら並べただけの定型表現集ではこのような豊かな言語活動を実現することは不可能です。特に，最終目標がスピーキングの場合は，相手に伝わる話し方をするための正しい発音の習得が不可欠です。よって，モデル音声を聞いて発音する練習も不可欠ということになります。さらに，相手の発言がきちんと聞き取れないと，それに対する適切な発話もできないので，やはりリスニングの練習が不可欠になります。自分で発音できない音は聞き取れません。自分で発音できるから他者の発音も聞き取れるのです。対話形式で「聞き取る→発音する」という基礎練習をやっていきましょう。

2) アウトプットのための段階的な学習プラン

　Activateは Step 1〜5の段階を踏んで学習する設計になっています。基本的な例文の意味を文法ポイントに注目して理解する。それから，音を注意深く聞いた上で，さらに自分の口を動かしてきちんと声に出してみる。それを手本にして実際に手を使って紙に書いてみる。だんだんとその作業に慣れてきたら，その英文を丸ごと暗唱してみる，丸ごと紙に書いてみる。すると自信を持って使える表現も増えてくる。そのプロセスの中で，徐々にスピードアップも図っていく。このようにして，みなさんが無理なく使いこなせる英文のストックを十分にインプットした上で，さらにその実践的なアウトプットのやり方までを提示し，カタチにしたのがActivateです。スピーキングが苦手な人に向かって「間違ってもいいからとにかく話そう」とか，「内容はどうでもいいから元気に話そう」という意見もありますが，スピーキングを慣れ不慣れの問題に矮小化するのは明らかに間違っています。

3) 自律学習を全面的にサポート

　自宅学習をする際に日々のペースを作りやすいように，例文は5個ずつで区切ってあります。英語学習の基本は「少しずつでもいいから，適切な分量を，毎日続けてやる」ということにあります。毎日の小さな進歩は，ある程度時間がたって見返せば，必ず大きな成果となっているものです。そのためには日々の作業を習慣化することが大切です。もちろん1回の学習で完璧にすることは難しいので，その後も自分なりのペースでアウトプットの練習を繰り返すことが大切です。目安としては3回から5回くらいは繰り返さないと定着しません。Activateは「毎日の小さな進歩」を学習者が実感できるように，細かい成功体験を積み重ねることができるように工夫しました。また，別冊と本冊に分けてありますので，別冊で例文だけをざっと通して確認するなど，自分なりにアレンジした，柔軟な使い方が可能です。自律学習者のよき伴走者でありたい。それがActivateの想いです。

Step 1
Grammar Check

まずは，英文法の基本的な知識を 152 個の例文を通して確認しましょう。この 152 個の例文には，それぞれ英文法のポイントが含まれています。最低でもこれだけは絶対に理解して欲しいという文法ポイントに絞ってあります。その英文法のポイントをきちんと理解することがこの Step の目的ですから，もし理解が不十分だと感じた場合は，Vintage の問題番号の該当ページを復習してください。

具体的には次の手順で学習しましょう。

---

1) **左ページで，日本語訳を参考にして対話を完成させる。**
　空所に英語を記入します。解答はページの一番下にあります。
2) **右ページで，文法解説を読んでポイントを確認する。**
　「重要表現」もどんどん覚えることが大切です。

例文は 1 ページに 5 個ずつ掲載しています。毎日 5 個（＝1ページ）やっていけば約 30 日で，毎日 10 個（＝ 2 ページ）やっていけば，Step 1 は約 2 週間でやり通すことが可能です。「少しずつでもいいから，適切な分量を，毎日続けてやる」ことが大切です。無理のない計画を立てて，学習を継続してください。

※ **V1** は英文法・語法 Vintage 3rd Edition の問題番号を表します。

Step 1 Grammar Check

Vintage 3rd Edition

日本語訳を参考に，対話を完成させよう

001
☐☐☐

A : Do you usually walk to school?

B : No, I don't. I always (　　　　　　) by bus.

> A：ふだん歩いて学校に行きますか。
> B：いいえ。いつもバスで行きます。

002
☐☐☐

A : Do you think it's good to make friends through social media?

B : No. A friend of mine (　　　　　　) a terrible man through social media last year. He cheated my friend out of some money.

> A：ソーシャルメディアを通じて友だちになるのは，よいことだと思いますか。
> B：いいえ。去年，私の友人はソーシャルメディアを通じてとんでもない男性と出会いました。彼は私の友人からお金をだまし取ったんです。

003
☐☐☐

A : When will AI overtake human beings in intelligence?

B : Some people say that it (　　　　　) probably (　　　　　) in 2045.

> A：いつ AI が知能で人間を追い越すでしょうか。
> B：それはおそらく 2045 年に起こるだろうと言う人もいます。

004
☐☐☐

A : Do you know where Ben is? I have something to talk to him about.

B : Yes, I know where he is. He's (　　　　　　) in the library now.

> A：ベンがどこにいるか知ってる？　彼に話したいことがあるの。
> B：ああ，彼がどこにいるか知ってるよ。今，図書館で勉強してるよ。

005
☐☐☐

A : Why didn't you answer the phone last night? I called you several times.

B : Sorry. I (　　　　　　) probably (　　　　　　) a bath when you called.

> A：なぜ昨晩電話に出なかったの？　何回か掛けたのに。
> B：ごめん。君が掛けたとき，たぶんお風呂に入っていたんだ。

---

001 go　　　002 met　　　003 will, happen　　　004 studying　　　005 was, taking

文法解説 第**1**章 │ 時制

☐ 001　習慣的な動作を表す always に注目　　　●現在時制 **V1**

▶ 「いつもバスで行く」という日常的にくり返す習慣的な動作を述べているので，現在時制（go）で表す。

☐━ 重要表現　☐ **walk to school**「歩いて学校に行く／徒歩で通学する」
　　　　　　・「通学する」の場合は無冠詞になる。
　　　　　　・☐ go to school「学校に行く／通学する」，☐ go to college「大学に行く／大学に通う」
　　　　　☐ **by bus**「バスで」
　　　　　　・交通手段を表す場合は無冠詞になる。
　　　　　　・☐ by car「車で」

☐ 002　last year という過去を示す表現に注目　　　●過去時制 **V2**

▶ 「去年出会った」という過去の出来事を述べているので，過去時制（met）で表す。
▶ 動詞の活用に自信がない場合は，辞書で調べておこう。

☐━ 重要表現　☐ **make friends (with A)**「（A と）友だちになる」
　　　　　　・複数形の friends を用いる点に注意。
　　　　　☐ **cheat A out of B**「A（人）から B（物・事）をだまし取る」
　　　　　　・out を省略して cheat A of B という形で用いることもある。

☐ 003　in 2045 という未来を示す表現に注目　　　●未来を表す表現 **V3**

▶ 「2045 年に起こる」という未来の出来事を述べているので，will happen で表す。

☐━ 重要表現　☐ **in A**「（限定・範囲を表して）A の点で，A において」
　　　　　　・overtake human beings in intelligence は「知能の点で人間を追い越す」が直訳。

☐ 004　now に注目　　　●現在進行形─ am / are / is doing **V4**

▶ 「今（now）勉強している最中だ」という現在進行中の動作を述べているので，現在進行形（is studying）で表す。
▶ 主語が 3 人称単数の he なので，be 動詞は is にすることに注意。

☐━ 重要表現　☐ **I have something to talk to A about.**「A（人）に話したいことがあります」
　　　　　　・talk to A about B「A（人）と B について話す」を前提にした表現。文末に前置詞 about が残ることに注意。

☐ 005　when you called に注目　　　●過去進行形─ was / were doing **V5**

▶ 「君が（電話を）掛けたとき，お風呂に入っている最中だった」という過去のある時点で進行中の動作を述べているので，過去進行形（was taking a bath）で表す。
▶ be 動詞を過去形 was にすることに注意。

☐━ 重要表現　☐ **answer the phone**「電話に出る」
　　　　　☐ **several times**「何回か」
　　　　　　・several は 3 〜 6 くらいの数を表すことが多い。
　　　　　　・☐ once「1 回」，☐ twice「2 回」，☐ three times「3 回」
　　　　　☐ **take a bath**「お風呂に入る／入浴する」

<u>006</u>　A : Are you doing anything this weekend?

☐☐☐　B : Yes, I'm (　　　　　　　) sightseeing in Kyoto. I can't wait.

> A：今週末，何かするつもりなの？
> B：うん，京都に観光に行くつもりだよ。待ちきれないよ。

<u>007</u>　A : Are you planning to move out of Yokohama?

☐☐☐　B : No. I've (　　　　　　　) here for more than ten years, and I think there's no better place to live than Yokohama.

> A：横浜から引っ越す予定ですか。
> B：いいえ。ここに 10 年以上住んできて，横浜よりも住むのにいい場所はないと思っています。

<u>008</u>　A : What was the movie you saw yesterday like?

☐☐☐　B : Actually, I didn't see it. When I got to the theater, the tickets (　　　　　　) already (　　　　　　) out.

> A：あなたが昨日観た映画はどうでしたか。
> B：実は，観ませんでした。劇場に着いたときには，チケットはすでに売り切れていました。

<u>009</u>　A : Do you know when Mami will move into her new apartment?

☐☐☐　B : I don't know for sure, but by the end of next week at the latest she'll (　　　　　) (　　　　　　　) out of her old place.

> A：マミがいつ新しいアパートに入居するか知ってる？
> B：はっきりとは知らないけど，遅くとも来週末までには前の部屋から退居しているだろうね。

<u>010</u>　A : Have you ever seen a real dolphin?

☐☐☐　B : Yes, I have. I (　　　　　　　) some yesterday at the aquarium. You should go to see them. The show is great!

> A：本物のイルカを見たことある？
> B：うん，あるよ。水族館で昨日見たんだ。君も見に行くべきだよ。ショーが最高なんだ！

---

006 going　　　**007** lived　　　**008** had, sold　　　**009** have moved　　　**010** saw

☐ **006　this weekend に注目**　　　　●予定・計画を表す現在進行形 **V7**

▶ this weekend「今週末」の予定を聞かれているが, this weekend は時間的には未来のこと。

▶ 「(今週末は) 京都に観光に行くつもりだ」というこれからする未来のことを, 予定・計画を表す現在進行形 (am going) で表す。

🔌重要表現　☐ **go sightseeing in A**「A に観光に行く／観光で A に行く」
　　　　　　☐ **I can't wait.**「待ちきれません／待ち遠しい」
　　　　　　・ワクワクした気持ちを表す時に用いる。

☐ **007　for more than ten years に注目**　　　●現在完了— have done / has done **V10**

▶ for more than ten years「10 年以上 (もの間)」という期間を表す表現に注目。

▶ 過去のある時点から現在までの状態の継続を述べているので, 現在完了 (have lived) で表す。

🔌重要表現　☐ **I'm planning to do ...**「私は…する予定だ」
　　　　　　☐ **move**「引っ越す」
　　　　　　・☐ move out of A「A から引っ越して行く」, ☐ move into A「A に引っ越して来る」

☐ **008　過去のある時点を表す表現に注目**　　　●過去完了— had done **V11**

▶ When I got to the theater という過去を示す表現と, already に注目。

▶ 「劇場に着いたとき, チケットはすでに売り切れていた」という過去のある時点までの動作の完了を述べているので, 過去完了 (had sold out) で表す。

🔌重要表現　☐ **What is S like?**「A (人・物) はどんな (人・物) ですか」
　　　　　　・A の様子や特徴を尋ねる慣用表現。この like は「…のような」という意味の前置詞で, what が like の目的語にあたる。
　　　　　　☐ **get to A**「A (場所) に到着する」(= arrive at A / reach A)
　　　　　　☐ **sell out**「(チケットなどが) 売り切れる」

☐ **009　by the end of next week：未来のある時点に注目**　●未来完了— will have done **V13**

▶ 「来週末までには退居して (しまって) いる」という未来のある時点までの動作の完了を述べているので, 未来完了 (will have moved) で表す。

🔌重要表現　☐ **for sure**「確かに／はっきりと」(= for certain)
　　　　　　☐ **at the latest**「遅くとも」
　　　　　　・at the earliest「早ければ／早くても」
　　　　　　☐ **place**「(住んでいる) 家／部屋／ところ」(口語表現)

☐ **010　過去を示す語 yesterday**　　　●現在完了とともに使うことができない表現 **V14**

▶ yesterday という過去を示す語があるので, 過去時制 (saw) で表す。

▶ 現在完了は, 現時点で完了していること, 経験があること, 継続していることを表すので, 過去を示す語句とともに使うことはできない。

🔌重要表現　☐ **Have you ever done ...?**「(経験の有無を尋ねて) (今までに) …したことがありますか」
　　　　　　〈注意〉必ず ever を付けることに注意。

<u>011</u>
⬜⬜⬜
A : The children are complaining that they can't play outside because of the rain.

B : The weather is certainly unusual. It's (　　　　　) (　　　　　) for a week.

A：子どもたちが雨のせいで外で遊べないって文句を言ってるの。
B：この天気は確かに異常だよね。1週間降り続いてるよ。

<u>012</u>
⬜⬜⬜
A : Since when have you known Sayaka?

B : (　　　　　) (　　　　　) her since we were in kindergarten. We really hit it off. She's now my best friend.

A：いつからサヤカを知っているのですか。
B：幼稚園にいたときから知っています。本当に会ってすぐ仲良くなりました。彼女は今では一番の親友です。

<u>013</u>
⬜⬜⬜
A : I want to go shopping with you today, but it's raining hard now.

B : The weather forecast says it'll clear up this afternoon, so let's wait until the rain (　　　　　) and then go.

A：今日，君と買い物に行きたいんだけど，今は雨が強く降ってるね。
B：天気予報では午後には晴れるって言ってるから，雨が止むまで待って，それから出かけましょう。

<u>014</u>
⬜⬜⬜
A : I'm meeting Tom tomorrow for the first time in a long time. Do you have a message for him?

B : Yes, I do. I've written him a short letter. Give it to him when you (　　　　　) him.

A：久しぶりに明日，トムと会うことになっています。伝言はありますか。
B：はい。彼に短い手紙を書いたので，会ったとき渡してください。

<u>015</u>
⬜⬜⬜
A : How about going hiking this weekend?

B : I'd like to, but I'm feeling a little down now. If I (　　　　　) better, I'll go.

A：今週末，ハイキングに行くのはどう？
B：行きたいけど，今，少し気分がよくないんだ。よくなったら行くよ。

---

011 been raining　　　012 I've known　　　013 stops　　　014 see　　　015 get

☐ 011　**for a week に注目**　　　●現在完了進行形― have [has] been doing　**V17**

▶ 「(現在まで) 1 週間 (ずっと) 雨が降っている」という過去から現在までの動作の継続を述べているので，現在完了進行形 (has been raining) で表す。

▶ It has の縮約形は It's となる。主語が 3 人称単数である場合は，have を has とすることに注意しよう。

🔑 重要表現　☐ **play outside**「外で遊ぶ」
・この outside は「外で」という意味の副詞。
・☐ go outside「外出する」，☐ eat outside「屋外で食事をする」

☐ 012　**know は状態動詞**　　　●現在完了と現在完了進行形　**V20**

▶ know「…を知っている」は状態動詞。

▶ 状態動詞は原則として進行形にできないので，「幼稚園にいたときから (ずっと) 知っている」という過去から現在までの状態の継続も (現在完了進行形ではなく) 現在完了 (have known) で表す。

🔑 重要表現　☐ **Since when ...?**「いつから…するようになったのですか」
・本問のように現在完了形で用いるのが原則。
☐ **hit it off**「(人と出会って) すぐに仲良くなる／意気投合する／うまが合う」(口語表現)

☐ 013　**until 節は時を表す副詞節**　　　●時を表す副詞節―未来の内容でも現在時制　**V21**

▶ until the rain (　　　)「雨が止むまで」は時を表す副詞節なので，「これから雨が止む」という未来の内容でも現在時制 (stops) で表す。

▶ 主語が 3 人称単数の the rain であることに注意。

🔑 重要表現　☐ **go shopping**「買い物に行く」
・go -ing で「…しに行く」という意味。
・☐ go swimming「泳ぎに行く」，☐ go fishing「釣りに行く」，☐ go camping「キャンプに行く」
☐ **The weather forecast says (that) ...**「天気予報は…と言っている」

☐ 014　**when 節は副詞節か名詞節か**　　●when 節が副詞節の場合―未来の内容でも現在時制　**V23**

▶ when you (　　　) him「彼に会ったとき」は時を表す副詞節なので，「これから彼に会う」という未来の内容でも現在時制 (see) で表す。

🔑 重要表現　☐ **for the first time in a long time**「久しぶりに」

☐ 015　**if 節の意味に注目**　　　●if 節が副詞節の場合―未来の内容でも現在時制　**V25**

▶ if I (　　　) better「(私の気分が) よくなったら」は条件を表す副詞節なので，「今週末」という未来の内容でも現在時制 (get) で表す。

🔑 重要表現　☐ **How about doing ...?**「(提案して) …するのはどうですか」
☐ **I'd like to, but ...**「そうしたいのですが，…」
・I'd は I would の縮約形。
☐ **feel down**「気分がよくない／落ち込んでいる／ふさぎ込んでいる」
・feel C で「C と感じる」という意味。
・☐ feel good「気分がいい」，☐ feel comfortable「心地よい」，☐ feel at home「くつろぐ」
☐ **get better**「(健康状態・調子が) よくなる」
・get C で「C の状態になる」という意味。
・☐ get angry「怒る」，☐ get worse「悪くなる」，☐ get ready「準備が整う」

016 A : You don't look so well.
B : To tell the truth, I'm (　　　　) (　　　　) (　　　　) an operation next month.

A: あまり元気そうじゃないね。
B: 実を言うと，来月手術を受けるつもりなの。

017 A : I've seen this picture on TV or on the Internet. What's the name of it?
B : It's called *Sunflowers*. It (　　　　) (　　　　) by Van Gogh. It's one of his works that made him famous.

A: この絵はテレビかインターネットで見たことがあります。何というタイトルですか。
B: 「ひまわり」と呼ばれています。ヴァン・ゴッホによって描かれました。彼を有名にした作品の1つです。

018 A : Do you remember her full name?
B : I think she (　　　　) (　　　　) Janet, but I can't remember her last name.

A: 彼女のフルネーム覚えてる？
B: ジャネットと呼ばれてたと思うけど，名字は思い出せないなあ。

019 A : I'm majoring in Japanese history.
B : Okay. Here's a question. When (　　　　) Buddhism first (　　　　) into Japan?
A : It is not exactly clear. Some say in 552, and others say in 538.

A: 日本史を専攻しているんだ。
B: よし。じゃあ問題ね。仏教が初めて日本に伝えられたのはいつでしょうか。
A: それは明確にはっきりとはしてないな。552年と言う人もいれば，538年と言う人もいるよ。

020 A : Do you know when that new book will be published? It should be an interesting book.
B : It is said that it (　　　　) not (　　　　) (　　　　) at all because of some copyright problem.

A: あの新刊はいつ出版されるか知っていますか。興味深い本のはずです。
B: 何か著作権の問題のせいで，まったく出版されないかもしれないそうです。

---

016 going to have　　**017** was painted　　**018** was called　　**019** was, introduced
020 may, be published

☒ 016 「来月手術を受けるつもりだ」は話し手の意図・計画　●未来のことを表す be going to do **V27**

▶ next month「来月」に注目すれば，未来のことを表していることがわかる。

▶ 「来月手術を受けるつもりだ」という話し手の計画を be going to have an operation で表す。

▶ be going to do は未来のことを表し，
　　・(1)「…するつもりだ」(話し手の意図・計画)
　　・(2)「…しそうだ」(話し手の予測・判断) の意味で用いる。

🔑重要表現　□ **look well**「元気そうだ」
　　　　　　・look C で「C に見える」という意味。この well は形容詞であることに注意。
　　　　　□ **to tell the truth**「実を言うと／実は」

文法解説　第**2**章 ｜ 受動態

☐ 017　主語 it と他動詞 paint の関係に注目　●受動態の基本形 **V32**

▶ 「それはヴァン・ゴッホによって描かれた」を受動態で表す。

▶ 受動態の基本形は〈S + be 動詞＋過去分詞 (+ by A).〉で，「S は (A によって) …される」という意味。

🔑重要表現　□ **one of the**＋ 複数名詞「〈名詞〉の1つ [1 人]」
　　　　　　・この works は「作品」という意味。
　　　　　□ **make O C**「O (人・もの・事) を C にする」
　　　　　　・C には形容詞か名詞を用いる。
　　　　　　・□ make him famous「彼を有名にする」, □ make her a leader「彼女をリーダーにする」

☐ 018　動詞のあとの語句の働きに注目　●SVOC の受動態 **V33**

▶ 「彼女はジャネットと呼ばれていた」を受動態で表す。They called her Janet.「彼らは彼女をジャネットと呼んだ」という SVOC の文を前提に考える。

▶ SVOC の文の受動態は〈be 動詞＋過去分詞＋補語〉という語順になる。

▶ 動作主が一般的な人や不特定の人の場合，動作主が不明の場合などには，by A は不要。

🔑重要表現　□ **last name**「名字／姓」(= family name, surname)
　　　　　　・姓に対する名は first name。

☐ 019　疑問詞のあとの語順に注意　●疑問詞を使う疑問文の受動態 **V34**

▶ 「伝えられたのはいつか」を受動態で表す。

▶ 疑問詞を使う疑問文の受動態は〈疑問詞＋ be 動詞＋ S ＋過去分詞 (+ by A) ?〉のように be 動詞と主語の位置が入れかわることに注意しよう。

🔑重要表現　□ **major in A**「A (学問) を専攻する」(= specialize in A)
　　　　　　□ **introduce A into B**「A を B に紹介する／伝える／導入する」
　　　　　　・受動態は A is introduced into B となる。

☐ 020　助動詞＋ be done の語順　●助動詞を含む受動態 **V35**

▶ 「出版されないかもしれない」を，助動詞を含む受動態で表す。

▶ 助動詞を含む受動態は〈助動詞＋ be done〉の語順で，助動詞の後ろは常に原形の be。

🔑重要表現　□ **It is said that ...**「(多くの人に) …と言われている／(噂では) …だそうだ」
　　　　　　□ **not ... at all**「少しも…ない，全然…ない」

<u>021</u> A : The meeting is going to be held tomorrow, right?

☐☐☐ B : No. The day (　　　　　) (　　　　　) (　　　　　) to Friday.

A：会議は明日開かれますよね。
B：いいえ。日程は金曜日に変更されましたよ。

<u>022</u> A : There's a lot of noise outside. Is something being built near here?

☐☐☐ B : Yes, a new hotel (　　　　) (　　　　) (　　　　) on the corner. The noise is driving me crazy.

A：外がとても騒がしいですね。ここの近くで何か建設中なんですか。
B：はい，角で新しいホテルが建設中です。あの騒音で気が変になりそうです。

<u>023</u> A : This secondhand jacket cost me 20,000 yen.

☐☐☐ B : Are you kidding? Such a dirty jacket (　　　　) (　　　　) that expensive.

A：この古着の上着は2万円したんだ。
B：冗談でしょう？　こんな汚い上着がそんな高いはずないわよ。

<u>024</u> A : A festival is being held at Odaiba. Why don't we go there on Sunday?

☐☐☐ B : I'd like to, but I can't. I (　　　　) (　　　　) for next week's exams.

A：お台場でフェスが開催されているの。日曜日にいっしょに行かない？
B：行きたいけど，行けないな。来週の試験の勉強をしなければならないんだよ。

<u>025</u> A : I think I'm going to fail the exam.

☐☐☐ B : You (　　　　) (　　　　) (　　　　) that way. You should be more positive.

A：試験に落ちると思うの。
B：そんなふうに考えちゃいけないよ。もっと前向きになるべきだよ。

---

021 has been changed　　　022 is being built　　　023 can't [cannot] be
024 must study　　　025 must not think

☒ 021　have been done の語順　　　●完了形の受動態 V36

▶ 「変更されました」を完了形の受動態で表す。

▶ 完了形の受動態は〈have [has / had] been done〉の語順。have [has / had] の後ろは常に been になることに注意。

🔧重要表現　□ **hold A**「A（会議やイベントなど）を開催する」
　　　　　　　・受動態は、A is held「A（会議やイベントなど）が開催される」。
　　　　　　　□ **..., right?**「…ですよね?」
　　　　　　　・相手に確認を促す表現。
　　　　　　　□ **change A to B**「A を B に変更する」
　　　　　　　・受動態は、A is changed to B「A は B に変更される」。

☐ 022　be 動詞＋ being done の語順　　　●進行形の受動態 V37

▶ 「建設中だ（＝建設されているところだ）」を進行形の受動態で表す。

▶ 進行形の受動態は〈be 動詞＋ being done〉の語順。be 動詞は主語や時制に合わせて適切なものを用いよう。be 動詞の後ろは常に being になることに注意。

🔧重要表現　□ **near here**「ここの近くで」
　　　　　　　□ **on the corner**「（町・通りの）角で」（＝ at the corner）
　　　　　　　□ **drive A crazy**「（気が変になりそうなほど）A（人）をいらいらさせる」

文法解説　第3章｜助動詞

☐ 023　「はずがない」の意味の助動詞は?　　　●can't [cannot]「…のはずがない」 V41

▶ 「…のはずがない」という〈否定の確信〉は can't [cannot] で表す。

▶ 助動詞のあとには動詞の原形を続けることに注意。

🔧重要表現　□ **cost A B**「A（人）に B（金額・費用）がかかる」
　　　　　　　・cf. □ it costs A B to do「…するのに A に B（の金額・費用）がかかる」
　　　　　　　□ **Are you kidding?**「冗談でしょう?」

☐ 024　誘いを断る理由を述べている　　　●must「…しなければならない」 V43

▶ 誘いを断る理由として「勉強しなければならない」と述べている。

▶ 「…しなければならない」という〈義務・必要〉を must で表す。

🔧重要表現　□ **Why don't we do ...?**「（一緒に）…しましょう」
　　　　　　　・自分も含めた提案を表す表現。
　　　　　　　・□ Let's do ...　□ Why not do ...?　も同意表現。

☐ 025　文意を成立させる：前向きになるためには?　　　●must not「…してはならない」 V44

▶ 「…してはならない」という〈禁止〉は must not で表す。

🔧重要表現　□ **that way**「（副詞的に用いて）そんなふうに／そのように」
　　　　　　　⇒ Don't look at me that way.「私のことをそんなふうに見ないで」

026 A : Can you guess my age?

☐☐☐ B : You look like you are in your early twenties, but you (　　　　　)
(　　　　　) over thirty because you seem to know a lot about many things.

A：私の年齢当てられる？
B：20 代前半に見えるけど，たくさんのことについて色々知ってるようだから 30 は超えているにちがいないな。

027 A : Why didn't you go to the party yesterday?

☐☐☐ B : Both my mother and my sister caught colds, and I (　　　　　)
(　　　　　) (　　　　　) take care of them.

A：なんで昨日パーティーに行かなかったの？
B：母親も姉 [妹] も風邪をひいて，2 人の世話を手伝わなければならなかったの。

028 A : How do I get from this station to that station? Is it complicated?

☐☐☐ B : It's easy. You can't get lost because you (　　　　　) (　　　　　)
(　　　　　) (　　　　　) trains.

A：この駅からあの駅までどうやって行きますか。複雑ですか。
B：簡単ですよ。電車を乗り換える必要がないので迷わないはずですよ。

029 A : Even if I'm tired, I can't sleep at night.

☐☐☐ B : You (　　　　　) (　　　　　) to bed earlier.

A：たとえ疲れていても，夜に寝られないんです。
B：もっと早く床に就くべきですよ。

030 A : I have a headache and my stomach hurts.

☐☐☐ B : I think you (　　　　　) to see a doctor.

A：頭痛がしておなかが痛いの。
B：医者に診てもらうべきだと思うよ。

---

026 must be　　　**027** had to help　　　**028** don't have to change　　　**029** should go
030 ought

☐ 026　理由を述べて判断している　　　　　●must「…にちがいない」 **V45**

▶「…にちがいない」という〈確信〉は must で表す。

▶「30 は超えているにちがいない」と判断した理由を because 以下で述べていることにも注目。

🔑 重要表現　☐ **look like ...**「…のように見える」ここでは like の後ろに文が続いている。
　　　　　　☐ **be in one's twenties [20s]**「20 代である」
　　　　　　・one は主語に合わせて変える。「…歳代」の部分は常に複数形。
　　　　　　・「前半，半ば，後半」という 3 つの年齢の時期に分ける場合は，それぞれ形容詞の early, mid, late を年齢の前に置いて表す。
　　　　　　⇒ She is in her mid-twenties.「彼女は 20 代半ばだ」
　　　　　　⇒ He was in his late forties.「彼は 40 代後半だった」

☐ 027　過去形 caught に注目：過去の出来事　　●had to do「…しなければならなかった」 **V46**

▶「…しなければならない」という〈義務・必要〉は have to do / must do / have got to do で表すことができるが，「…しなければならなかった」という過去の〈義務・必要〉は had to do で表す。

🔑 重要表現　☐ **both A and B**「A と B の両方／A も B も」
　　　　　　☐ **catch a cold**「風邪をひく」
　　　　　　・〈注意〉主語が複数形の場合は catch colds とする。
　　　　　　☐ **help do**「…するのを手伝う／…するのに役立つ」
　　　　　　・この表現の do は原形不定詞。
　　　　　　☐ **take care of A**「A（人）の世話をする／面倒を見る」

☐ 028　You can't get lost と判断する理由を述べている　●don't have to do「…する必要はない」 **V48**

▶「…する必要はない」という〈不必要〉は don't have to do で表す。

▶主語が三人称単数の場合は doesn't have to do，過去時制の場合は didn't have to do となる。

🔑 重要表現　☐ **How do I get from A to B?**「（行き方を尋ねて）A から B までどうやって行きますか」
　　　　　　☐ **get lost**「道に迷う」
　　　　　　☐ **change trains**「電車を乗り換える」
　　　　　　・〈注意〉乗り物の部分が複数形になることに注意。
　　　　　　・☐ change buses「バスを乗り換える」, ☐ change planes「飛行機を乗り換える」

☐ 029　命令文に近いニュアンス　　　　　　●should「…すべきである／…した方がよい」 **V50**

▶「…すべきである／…した方がよい」という〈義務・忠告・助言〉を should で表す。

🔑 重要表現　☐ **go to bed**「就寝する／寝る」
　　　　　　〈注意〉bed は無冠詞。
　　　　　　・☐ sleep「（一定の時間）眠る」, ☐ wake up「目が覚める／目を覚ます」, ☐ get up「起床する／起きる」

☐ 030　空所のあとの to に注目　　　　　　●ought to do「…すべきである／…した方がよい」 **V51**

▶「…すべきである／…した方がよい」という〈義務・忠告・助言〉は ought to do で表すこともできる。

🔑 重要表現　☐ **have a headache**「頭痛がする」
　　　　　　☐ **see a doctor**「医者に診てもらう」

031　A : I have a deadline, so I've been working hard on this project.
　　　B : You look pretty worn out. You'd (　　　　　) (　　　　　　) a rest.

> A：締め切りがあるので，このプロジェクトにがんばって取り組んでいます。
> B：かなり疲れているようですね。ひと休みした方がいいですよ。

032　A : Do you remember Tanaka Jiro?
　　　B : Of course I do! We (　　　　　) (　　　　　　) (　　　　　　) part
　　　　in volunteer activities together when we were in high school.

> A：タナカジロウさんを覚えてる？
> B：もちろん覚えてるよ！　高校にいたとき，私たちはよくいっしょにボランティア
> 　活動に参加したものだ。

033　A : Where did you lose your smartphone?
　　　B : I don't know, but I (　　　　　) (　　　　　) (　　　　　) it on
　　　　the bus. I'll call the bus company and check with them.

> A：どこでスマートフォンを失くしたの？
> B：わからないけど，バスに置き忘れたのかもしれない。バス会社に電話して，確か
> 　めてみるよ。

034　A : Lisa is half an hour late. She is always on time for appointments.
　　　B : Something (　　　　　) (　　　　　) (　　　　　) her.

> A：リサは30分遅れています。彼女はいつも約束に時間通りに来るのですが。
> B：何かがあって遅れたに違いありません。

035　A : I wonder if James really cheated the other students.
　　　B : He (　　　　　) (　　　　　) (　　　　　) such a thing. He's
　　　　not that kind of person.

> A：ジェームズは本当にほかの生徒たちをだましたのかなあ？
> B：彼がそんなことをしたはずがないよ。彼はそんな人間じゃないよ。

---

031 better take　　　032 used to take　　　033 may [might] have left
034 must have delayed　　　035 can't [cannot] have done

☑ 031　**had better は直後に動詞の原形を続ける**　●**had better do**「…した方がよい」**V59**

▶「…した方がよい」は had better do で表すこともできる。

▶ had better は提案や忠告を表すが，you を主語にした You had better ... は強制のニュアンスが強いので，目上の人には使わない。控えめに忠告する場合は I think you should ... とする。

▶ You had の縮約形は You'd となる。

▶ had better を 1 つの助動詞として考えて，直後に動詞の原形を続けることに注意しよう。

🔑 重要表現　□ **work on A**「A に取り組む」
　　　　　　　□ **worn out**「疲れ切った」
　　　　　　　□ **take a rest**「休憩する」（= have a rest）

☑ 032　**過去の習慣的動作を表す**　●**used to do**「(以前は) よく…したものだ」―過去の習慣的動作 **V61**

▶「高校にいたとき，私たちはよくいっしょにボランティア活動に参加したものだ」という過去の習慣的動作を used to do で表す。

🔑 重要表現　□ **take part in A**「A (活動・催しものなど) に参加する」（= participate in A）

☑ 033　**過去の内容であることに注目**　●**may have done**「…したかもしれない／…であったかもしれない」**V64**

▶「バスに置き忘れたかもしれない」という過去の事柄に関する推量を may have done で表す。

▶ might have done を用いても同意。

🔑 重要表現　□ **leave A+ 場所を表す副詞句**「…に A を置き忘れる／忘れてくる」
　　　　　　　⇒ I left my umbrella in the hotel room.「ホテルの部屋に傘を忘れてきた」
　　　　　　　□ **check with A**「A (人など) に確かめる／相談する」

☑ 034　**過去の内容であることに注目**　●**must have done**「…したにちがいない／…であったにちがいない」**V65**

▶「何かがあって遅れたに違いない」という過去の事柄に関する推量を must have done で表す。

▶ something が主語になっていることに注目して「何かが彼女を遅らせたにちがいない」と考えよう。

🔑 重要表現　□ **be ... late**「… (の時間) 遅れる」
　　　　　　　・□ be five minutes late for an appointment「約束に 5 分遅刻する」
　　　　　　　□ **on time**「時間通りに／定刻に」
　　　　　　　・cf. □ in time「時間内に／間に合って」
　　　　　　　□ **delay A**「(悪天候・事故などが) A (飛行機・列車・人など) を遅らせる」

☑ 035　**過去の内容であることに注目**　●**can't [cannot] have done**「…したはずがない／…であったはずがない」**V66**

▶「そんなことをしたはずがない」という過去の事柄に関する推量を can't [cannot] have done で表す。

🔑 重要表現　□ **I wonder if [whether] ...**「…かどうか疑問に思う／…なのだろうか (それともちがうのだろうか)」
　　　　　　　⇒ I wonder if they'll get married.「彼らは結婚するのかなあ (それともしないのかなあ)」

036 A : How was your trip to France?
  B : Okay, but I (   ) (   ) (   ) French more
      seriously in school. I couldn't communicate very well with the people
      there.

> A：フランス旅行はどうでしたか。
> B：楽しい旅行でしたが，学校でもっと真剣にフランス語を勉強すべきでした。現地
> 　の人とあまり意思疎通ができませんでした。

037 A : I don't feel so well. I have a bad stomach.
  B : You (   ) (   ) (   ) so much. Overeating
      is bad for your health.

> A：あまり気分がよくないの。胃の具合が悪くて。
> B：そんなにたくさん食べるべきじゃなかったね。食べ過ぎは健康に悪いよ。

038 A : Are you going to buy a new computer?
  B : No, I'm not. I can't afford to because I don't have much savings. I
      would buy it if it (   ) a little cheaper.

> A：新しいコンピュータを買うつもりなの？
> B：いや，買わないよ。あまり貯金をしてないから買う余裕がないんだ。もう少し安
> 　ければ買うんだけどなあ。

039 A : There are a lot of poor people in this area, aren't there?
  B : Yes, there are. If I had a lot of money, I (   ) (   )
      them, but unfortunately I'm not rich.

> A：この地域にはたくさん貧しい人たちがいますね。
> B：はい。もし私がたくさんお金を持っていれば，彼らを支援できるのですが，残念
> 　ながら私は裕福ではないのです。

040 A : Mary wanted to borrow some books from me, but she hasn't returned
      the books she borrowed last month.
  B : If I (   ) you, I (   ) (   ) her any more
      books.

> A：メアリーが私から本を何冊か借りたがっていたけど，先月借りた本を彼女は返し
> 　ていないの。
> B：もし私があなたなら，彼女にこれ以上本を貸さないけどね。

---

036 should have studied　　　　037 shouldn't have eaten　　　　038 were　　　　039 could help
040 were, wouldn't lend

☐ **036** 　**過去の内容であることに注目** ● should have done 「…すべきだったのに (実際は…しなかった)」 **V67**

▶ B が「現地の人とあまり意思疎通ができませんでした」と述べていることに注目。

▶ 「勉強すべきだったのに (実際はしなかった)」という意味を表すには，should have done を用いる。

▶ ought to have done を用いても同意。

🔑 重要表現　☐ **communicate with A** 「A と意思疎通を図る／コミュニケーションを取る」

☐ **037** 　**「事実」に対して文意が通るのは？** ● should not have done 「…すべきではなかったのに (実際は…した)」 **V69**

▶ A が「あまり気分がよくない」と述べていることに注目。

▶ 「そんなにたくさん食べるべきではなかったのに (実際はした)」という意味を表すには，should not [shouldn't] have done を用いる。

▶ ought not to have done を用いても同意。

🔑 重要表現　☐ **I don't feel so well.** 「あまり気分がよくない」
　　　　　　　☐ **have a bad stomach** 「胃の具合が悪い」
　　　　　　　☐ **be bad for your health** 「健康に悪い」
　　　　　　　　⇔ be good for your health 「健康に良い」

👨‍🏫 **文法解説** ┃ 第**4**章 ┃ 仮定法

☐ **038** 　**主節の動詞 would buy に注目** ● 仮定法過去― if 節の動詞の形 **V80**

> 〈確認〉 現在の事実に反する仮定を表す場合は，if 節の動詞が過去形に，主節の動詞が〈助動詞の過去形＋原形〉になる。この形は仮定法過去と呼ばれる。

▶ 「もう少し安ければ」は現在の事実に反する仮定なので，仮定法過去で表す。

▶ 仮定法過去の if 節は動詞の過去形を用いる。if 節の be 動詞は原則として主語とは関係なく were が用いられることに注意。

🔑 重要表現　☐ **afford to do** 「…する余裕がある」
　　　　　　　・can [could] を伴って否定文や疑問文で用いるのが一般的。
　　　　　　　・ここでは I can't afford to <u>buy a new computer</u>(新しいコンピュータを買う余裕がない)と下線部の表現を補って理解すればよい。

☐ **039** 　**if 節の動詞 had に注目** ● 仮定法過去―主節の動詞の形 **V81**

▶ 「もし私がたくさんお金を持っていれば」は現在の事実に反する仮定なので，仮定法過去で表す。

▶ 仮定法過去の主節は〈助動詞の過去形+原形〉を用いる。

▶ 「彼らを支援<u>できる</u>」という内容を表すのにふさわしい助動詞 could を用いるよう, 注意しよう。

🔑 重要表現　☐ **There are ..., aren't there?** 「…がいます [あります] よね」
　　　　　　　・付加疑問を用いて，確認のために相手に念を押す表現。

☐ **040** 　**仮定法かどうかの見極めをする** ● 仮定法過去― if 節と主節の動詞の形 **V82**

▶ 「もし私があなたなら」という内容から，現在の事実に反する仮定を表す仮定法過去だと判断する。

▶ 「貸さない(だろう)」という内容を表すのにふさわしい助動詞 would を用いるよう, 注意しよう。

🔑 重要表現　☐ **borrow A from B** 「B から A (お金・もの) を (無料で) 借りる」
　　　　　　　☐ **lend A B** 「A (人) に B (お金・もの) を貸す」(= lend B to A)

041
□□□

A : You were narrowly defeated by Takeru in the marathon.

B : I know. If I (　　　　　) (　　　　　) (　　　　　) a short rest, I would have beat him.

> A：マラソンでもう少しのところでタケルに負けてしまったわね。
> B：わかってるよ。小休止していなかったら，彼に勝っていただろうなあ。

042
□□□

A : The store clerk gave me the wrong change again.

B : If I had been with you, I (　　　　　) (　　　　　) (　　　　　) to the manager.

> A：あの店員，またお釣りを間違えたの。
> B：もし私が君といっしょにいたら，責任者に苦情を言ったんだけどなあ。

043
□□□

A : Do you think you could live in a foreign country?

B : No. If I (　　　　　) (　　　　　) (　　　　　) in another country, I would probably get very lonely.

> A：外国生活が可能だと思いますか。
> B：いいえ。仮に別の国で暮らすことになれば，たぶんとても寂しくなるでしょう。

044
□□□

A : Thank you for taking the time to meet with me today. Is it all right to contact you by e-mail from now on?

B : Of course. If you (　　　　　) (　　　　　) any questions about this matter later, please e-mail me anytime.

> A：今日は私に会う時間を割いていただいてありがとうございました。今後はEメールで連絡して問題ないでしょうか。
> B：もちろんです。あとで万一この件に関して質問があれば，いつでも私にメールしてください。

045
□□□

A : Emma won the speech contest again. Her speech was very impressive.

B : I wish I (　　　　　) (　　　　　) a speech like that. I'll have to make more of an effort next time.

> A：エマはまたスピーチコンテストで優勝したね。彼女のスピーチは本当に素晴らしかった。
> B：私もあんなふうにスピーチできたらいいのになあ。私，次回はもっと努力しなきゃ。

---

041 had not taken　　　042 would have complained　　　043 were to live
044 should have　　　045 could make

Step
1

Grammar Check

Step
2

Dictation

Step
3

Listening & Oral Reading

Step
4

Writing

Step
5

Advanced Exercises

☐ 041　主節の動詞 would have beat に注目　　●仮定法過去完了— if 節の動詞の形　V83

〈確認〉過去の事実に反する仮定を表す場合は, if 節の動詞が過去完了形 (had done) に, 主節の動詞が〈助動詞の過去形＋ have done〉になる。この形は仮定法過去完了と呼ばれる。

▶ 「小休止していなかったら」は過去の事実に反する仮定なので, 仮定法過去完了で表す。
▶ 仮定法過去完了の if 節は動詞の過去完了形 (had done) を用いる。
🔑重要表現　☐ **beat A**「(競技などで) A (相手) を打ち破る／に打ち勝つ」
　　　　　　・beat は不規則変化する動詞。過去分詞はアメリカ英語では beat, イギリス英語では beaten を用いる。　beat-beat-beat/beaten-beating

☐ 042　if 節の動詞 had been に注目　　●仮定法過去完了—主節の動詞の形　V84

▶ 「もし私が君といっしょにいたら」は過去の事実に反する仮定なので, 仮定法過去完了で表す。
▶ 仮定法過去完了の主節は〈助動詞の過去形＋ have done〉を用いる。
🔑重要表現　☐ **change**「お釣り」
　　　　　　☐ **complain to A**「A に文句を言う」(← A は文句を言う相手)
　　　　　　・*cf.* ☐ complain about [of] A「A のことで文句を言う」(← A は文句を言う内容)

☐ 043　これから起こることについての仮定　　●if S were to do「仮に…すれば」　V88

▶ if 節に were to を用いて, これから起こることについての仮定を表すことがある。
▶ 「もし別の国で暮らすことになれば」は, これから起こることについての仮定なので, if S were to do の形を用いて表す。
🔑重要表現　☐ **get lonely**「寂しくなる」
　　　　　　・get C「C の状態になる」を用いた表現。

☐ 044　これから起こることについての仮定　　●if S should do「万一…すれば」　V89

▶ if 節に should を用いて, これから起こることについての仮定を表すことがある。
▶ 「万一質問があれば」というこれから起こることについての仮定を表しているので, if S should do の形を用いる仮定法で表す。
▶ should を使った仮定法の場合, 主節は助動詞の現在形を用いた直説法の文や, 動詞の原形を用いた命令文になることが多い。ここでは please を用いた丁寧な命令文が使われている。
🔑重要表現　☐ **take the time to do**「…するために時間を割く／時間を取って…する」
　　　　　　☐ **Is it all right to do ...?**「…して問題ないでしょうか」
　　　　　　・相手の都合をたずねる表現。
　　　　　　☐ **contact A by e-mail**「A (人) にメールで連絡する」(= e-mail A)
　　　　　　☐ **from now on**「今後は」

☐ 045　wish に注目　　●S wish ＋仮定法過去「…すればいいのに」　V90

▶ 〈S wish ＋仮定法〉の表現では, 「願う内容」が「願う時点」と同時の内容なら, 仮定法過去を用いる。
▶ 「スピーチできたらいいのに」は, 願う時点と同時の内容なので, 仮定法過去で表す。
🔑重要表現　☐ **make a speech**「スピーチをする」(= give a speech)
　　　　　　☐ **make an effort**「努力する」

046 A : Climbing that mountain last Saturday was very exciting. There were many beautiful views.

B : Oh, I wish I (   ) (   ) with you. I'm really sorry I couldn't take the day off.

> A：この前の土曜にあの山に登ったのはとても興奮したよ。美しい眺めがたくさんあったんだ。
> B：ああ，私もあなたといっしょに行ったらよかったんだけどなあ。その日休暇がとれなかったのは本当に残念。

047 A : Why don't you like Liam? He seems like a nice guy.

B : He talks as if he (   ) everything. And he says bad things about other people.

> A：なぜ，リアムのことが気に入らないの？　彼はとてもいい人のように思えるけど。
> B：自分が何でも知っているかのように話すんだ。それに人の悪口も言うし。

048 A : I heard that actor's wife died while the movie was being shot.

B : Really? He continued to work, and he acted as if nothing (   ) (   ).

> A：その映画の撮影中にあの俳優の奥さんが亡くなったらしいわね。
> B：本当に？　彼は仕事を続け，何事も起きなかったかのようにふるまっていたよ。

049 A : Why don't we have another cup of coffee?

B : Sorry, it's time I (   ) going. I have a dental appointment this afternoon.

> A：コーヒーをもう一杯飲みませんか。
> B：ごめんなさい，もう行かないといけない時間です。午後に歯医者の予約があります。

050 A : Didn't Professor Smith help you?

B : Yes, he did. If it (   ) (   ) (   ) him, I wouldn't have finished my thesis.

> A：スミス教授は助けてくれなかったのですか。
> B：いいえ，助けてくれました。もし彼がいなければ，論文は完成しなかっただろうと思います。

---

046 had gone   047 knew   048 had happened   049 was   050 were not for

☐ 046 　wish に注目 　　　　●S wish ＋仮定法過去完了「…すればよかったのに」 **V91**

▶ 〈S wish ＋仮定法〉の表現では，「願う内容」が「願う時点」よりも前の内容なら，仮定法過去完了を用いる。

▶ 「行ったらよかったのに」は，願う時点よりも前の内容なので，仮定法過去完了で表す。

🔑重要表現 　☐ I'm sorry (that) ... 「…ということを残念に思います」
　　　　　　　☐ take A off 「A（ある期間）休む」
　　　　　　　　・A には期間を表す語句が入る。
　　　　　　　　・☐ take a year off 「1 年間休む」，☐ take three weeks off 「3 週間休む」

☐ 047 　実際には「何でも知っているわけではない」 　●as if ＋仮定法過去「まるで…であるかのように」 **V95**

▶ 〈as if ＋仮定法〉の表現では，主節の動詞が表す時と同時の内容には，仮定法過去を用いる。

▶ 「まるで何でも知っているかのように」は，talks「話す」と同時の内容なので，仮定法過去で表す。

▶ ここでは主節の動詞が現在形だが，主節の動詞が過去形であっても，as if 内の仮定法は時制の一致を受けないので，注意しよう。

🔑重要表現 　☐ seem like A 「A のようだ」（アメリカ英語で使われるややくだけた表現）
　　　　　　　☐ say bad things about A 「A（人）の悪口を言う」

☐ 048 　実際には「何事かが起きた」 　●as if ＋仮定法過去完了「まるで…であったかのように」 **V96**

▶ 〈as if ＋仮定法〉の表現では，主節の動詞が表す時よりも前の内容には，仮定法過去完了を用いる。

▶ 「まるで何事も起きなかったかのように」は，acted「ふるまった」よりも前の内容なので，仮定法過去完了で表す。

🔑重要表現 　☐ I heard (that) ... 「（噂で聞いたところ）…らしいですね／…だそうだ」（＝ I hear (that) ... / I have heard (that) ...）

☐ 049 　it's time に注目 　　　　●it is time ＋仮定法過去「もう…してもよいころだ」 **V97**

▶ 「もう行かないといけない時間です」を〈it is time ＋仮定法過去〉で表す。

▶ この形の仮定法では，主語が 1 人称・3 人称単数の場合，be 動詞を was にするのが一般的。

🔑重要表現 　☐ appointment 「（医者や美容院などの）予約／人と会う約束」
　　　　　　　　・cf. ☐ reservation 「（飛行機・ホテル・レストランの）予約」
　　　　　　　　・☐ have an appointment 「約束がある」，☐ make an appointment 「約束をする」

☐ 050 　現在の事実に反する仮定 　　　　●if it were not for A 「もし A が（今）いなければ」 **V99**

▶ 「もし彼がいなければ」という現在の事実に反する仮定を表す（スミス教授は現在もいる）。

🔑重要表現 　☐ Yes, he did. 「いいえ，彼は助けてくれました」
　　　　　　　　・否定疑問文の Didn't he ...? に対する返事。
　　　　　　　　・「はい，彼は助けてくれませんでした」なら No, he didn't. と答える。
　　　　　　　　・〈注意〉英語は答えが肯定なら Yes，否定なら No を使う。日本語の「はい／いいえ」を機械的にあてはめないように注意。

051 A : You can't thank Olivia enough, can you?

B : No. If it (　　　　) (　　　　) (　　　　) (　　　　) her help, I couldn't have gotten that job.

A：オリビアには感謝してもしきれないわね。
B：そうだね。もし彼女の助けがなかったら，あの職に就けていなかっただろうね。

052 A : What is your dream?

B : My dream is (　　　　) (　　　　) a Japanese language teacher in America.

A：あなたの夢は何ですか。
B：私の夢はアメリカで日本語教師になることです。

053 A : I'm thinking of going to Spain in August. Are you going anywhere this summer?

B : Yes, but I haven't decided (　　　　) (　　　　) (　　　　) yet.

A：8月にスペインに行こうと思ってるの。あなたはこの夏どこかに行くの？
B：うん，でもまだどこに行くか決めてないんだ。

054 A : I've been feeling better since I developed the habit of going to bed early.

B : I think it's a good idea (　　　　) (　　　　) regular hours. You should continue doing so.

A：早く寝る習慣をつけてから体調が良くなりました。
B：規則正しい生活をするのはいい考えだと思います。是非続けてください。

055 A : I'm having trouble getting my room in order.

B : You have too many clothes and too many books. I'll bring you some boxes (　　　　) (　　　　) (　　　　) in.

A：自分の部屋を整理するのに苦労してるんだよ。
B：服と本がたくさんありすぎよ。それらを入れる箱をいくつか持ってきてあげるわ。

---

051 had not been for　　　052 to become　　　053 where to go　　　054 to keep
055 to put them

☑ 051 主節の動詞 couldn't have gotten に注目 ●if it had not been for A「もし A が（その時）いなかったならば」 **V100**

▶「もし彼女の助けがなかったら」という過去の事実に反する仮定を表す。

🔑重要表現 □ **can't [cannot] do enough**「いくら…しても足りない」
　　　　　 □ **You can't ..., can you?**「…できませんよね」
　　　　　 ・確認のために相手に念を押す表現。ここでの No.「そうだね」の答え方にも注意。
　　　　　 ・□ You can ..., can't you?「…できますよね」, □ You won't ..., will you?「…しませんよね」

文法解説 第**5**章 │ 不定詞

☐ 052 「…することです」に注目 ●不定詞の名詞用法―補語 **V114**

▶「日本語教師になること」を不定詞で表し，be 動詞の補語にする。

🔑重要表現 □ **My dream is to do ...**「私の夢は…することです」
　　　　　 ・My dream(S) is(V) [to do ...] (C) という構造。

☐ 053 「どこに…するか」という表現に注目 ●疑問詞＋不定詞 **V115**

▶「どこに行くか」を〈疑問詞＋不定詞〉で表す。〈疑問詞＋不定詞〉は名詞句の働きをする。
▶ この場合は where to go が他動詞 decide「…を決める」の目的語にあたる。

🔑重要表現 □ **I'm thinking of doing ...**「私は…しようと思っています／…しようかと考えているところです」
　　　　　 ・この think は動作動詞なので進行形で用いることができる。

☐ 054 形式主語の it に注目 ●It is ＋形容詞[名詞]＋ to do「…することは〜である」 **V116**

▶「規則正しい生活をすること」を不定詞 (to keep regular hours) で表す。
▶ 不定詞が主語になる場合，形式主語の it を文頭に置き，不定詞は後ろに回すことが多い。

🔑重要表現 □ **the habit of doing**「…する習慣」
　　　　　 ・□ develop the habit of doing「…する習慣を身に付ける／…することを習慣にする」
　　　　　 □ **keep regular hours**「規則正しい生活をする」
　　　　　 ・□ keep early hours「早寝早起きをする」, □ keep late hours「夜更かしをする」

☐ 055 「それらを入れる箱」 ●不定詞の形容詞用法―名詞が前置詞の目的語の場合 **V118**

▶「それらを入れる箱」を不定詞で表す。put them in boxes「箱にそれらを入れる」を前提にして考えよう。
▶ 名詞 boxes は不定詞に続く前置詞 in の目的語にあたるので，文末に in が残ることに注意。

🔑重要表現 □ **have trouble (in) doing**「…するのに苦労する」
　　　　　 ・この場合の have は動作動詞なので，進行形で用いることができる。
　　　　　 □ **in order**「整理されて／順序正しく」
　　　　　 ・□ get A in order「A を（正常な状態に）整える」

<u>056</u>
☐☐☐

A : Mom, where's Emily? We've promised to make a chocolate cake together today.

B : She went to the supermarket (　　　　) (　　　　) some chocolate. She'll be back any minute.

> A：ママ，エミリーはどこ？　今日いっしょにチョコレートケーキを作る約束をしてるんだ。
> B：チョコレートを買いにスーパーマーケットに行ったわよ。もうすぐ戻ってくるわよ。

<u>057</u>
☐☐☐

A : Justin lived in Italy for twenty years.

B : No wonder he speaks Italian with ease. I was surprised (　　　　) (　　　　) his fluent Italian.

> A：ジャスティンは 20 年間イタリアに住んでいました。
> B：どおりでイタリア語をスラスラ話すのですね。彼の流暢なイタリア語を聞いて驚きました。

<u>058</u>
☐☐☐

A : I heard that my son often fights with other students at school.

B : You must warn him (　　　　) (　　　　) (　　　　) that again. It's important that you teach your child to follow the right path.

> A：息子が学校でほかの生徒たちとよくけんかしてるって聞いたの。
> B：彼が二度とそんなことをしないように注意しないといけないよ。子どもが正しい道をたどるように教えるのが大切だよ。

<u>059</u>
☐☐☐

A : Mari didn't come to our club meeting yesterday. I wonder what happened.

B : I don't know. It's unusual (　　　　) (　　　　) (　　　　) (　　　　) club meetings.

> A：昨日，マリはクラブの会合に来なかったね。何かあったのかなあ。
> B：わからないわ。彼女がクラブの会合に来ないなんて珍しいわよね。

<u>060</u>
☐☐☐

A : Lucy hasn't updated her SNSs for some time. Do you know why she hasn't?

B : I don't know for sure, but she seems (　　　　) (　　　　) (　　　　) her smartphone and hasn't bought a new one yet.

> A：ルーシーがしばらく SNS を更新してないの。なぜしてないのか知ってる？
> B：はっきりとは知らないけど，スマートフォンをなくしたみたいで，まだ新しいのを買ってないんだよ。

---

056 to buy　　　**057** to hear　　　**058** not to do　　　**059** for her to miss　　　**060** to have lost

☐ 056 「…するために」〈目的〉　　　　●不定詞の副詞用法—目的 **V119**

▶ 「スーパーマーケットに行った」のはチョコレートを買うという〈目的〉のため。不定詞で〈目的〉の意味を表す。「チョコレートを買うために」は to buy some chocolate と表す。

🔑重要表現　☐ **promise to do**「…することを約束する」
　　　　　　☐ **any minute**「すぐに／間もなく／今にも」(= any minute now / at any minute)

☐ 057 「驚いた」という感情の原因は「…を聞いて」　●不定詞の副詞用法—感情の原因 **V120**

▶ I was surprised「驚いた」という〈感情の原因〉を不定詞（to hear）で表す。

🔑重要表現　☐ **No wonder ...**「どおりで…するわけだ／…するのも不思議ではない［無理はない］」
　　　　　　・〈注意〉 No wonder の後ろには SV（文）が続くことに注意。
　　　　　　☐ **with ease**「容易に／簡単に／やすやすと」(= easily)

☐ 058 「…しないように」を not to do で表す　　　●不定詞の否定形— not to do **V129**

▶ 不定詞の否定形は not を不定詞の直前に置く。
▶ not の代わりに never を使う場合もある。

🔑重要表現　☐ **warn A to do**「A に…するように警告［注意］する」
　　　　　　・☐ warn A not to do「A に…しないように警告［注意］する」
　　　　　　☐ **teach A to do**「A（人）に…するように教える」

☐ 059 「会合に来ない」のは「彼女」●不定詞の意味上の主語— It is ＋形容詞＋ for A to do **V130**

▶ この it は形式主語で，真主語は不定詞。
▶ 不定詞の意味上の主語は不定詞の前に for A を置いて示す。
▶ It is unusual for A to do は「A が…するのは珍しいことだ」という意味になる。

🔑重要表現　☐ **I wonder ＋疑問詞 ...**「（好奇心・不安・疑いを持って）…のだろうか（知りたいと思う）」
　　　　　　⇒ I wonder what I can do to help her.「彼女を助けるために私に何ができるのだろうか」
　　　　　　☐ **miss**「…を欠席する」
　　　　　　・☐ miss a class「授業を休む」, ☐ miss school「学校を休む」

☐ 060 seem との時の差に着目　　　　●完了不定詞— S seem to have done **V133**

▶ 述語動詞が表す時よりも前のことを不定詞で表すときには，完了不定詞 to have done を用いる。S seem to have done で「S は…したようだ」という意味。
▶ 「スマートフォンをなくした」のは述語動詞 seems「…のようだ」よりも時間的に前に起きたことなので，その差を完了不定詞（to have lost her smartphone）で表す。

🔑重要表現　☐ **for some time**「しばらくの間」
　　　　　　・☐ for a long time「長い間／長期間」, ☐ for a short time「短い間／短期間」
　　　　　　☐ **a new one**「新しいもの」
　　　　　　・この one はどれのことか特定されていない「不特定の1つ」を指す。
　　　　　　・この場合は a new smartphone ということ。

061　A : Would you like a cup of coffee?

B : Yes, thanks. Oh, it's still (　　　　　) hot for me (　　　　　)
(　　　　　)! I'll have to let it cool down a little.

> A：コーヒーを1杯どうですか。
> B：はい，ありがとうございます。おお，私が飲むにはまだ熱すぎますね！　もう少し冷まさなければなりません。

062　A : Why did you move from a big city to that out-of-the-way place?

B : I was attracted to country life. Besides, I had a baby last year, and our apartment in the city was not large (　　　　　) for three people (　　　　　) (　　　　　) in.

> A：なぜ，大都市からあんな辺鄙なところに引っ越したのですか。
> B：田舎の生活に惹きつけられました。そのうえ，去年子どもが生まれて，都会のアパートが3人で暮らせるほど広くなかったからです。

063　A : Is the next exam extremely important to you?

B : Yes. I'm on the verge of failing the course, and everything depends on the exam. So in (　　　　　) (　　　　　) (　　　　　) it, I'm going to study hard.

> A：次の試験は，あなたにとってそんなに大切なの？
> B：うん。その授業を落第しそうだから，今度の試験にすべてがかかっているんだ。合格するため一生懸命勉強するつもりだよ。

064　A : Do you want me to move that big vase?

B : Yes, thanks. Please handle it carefully so (　　　　　) (　　　　　)
(　　　　　) (　　　　　) and break it. It's invaluable.

> A：その大きな花瓶を動かそうか？
> B：そうね，ありがとう。落として壊さないように慎重に扱ってね。とても貴重なものなの。

065　A : Lucas is supposed to do the dishes. Where is he?

B : I don't think he's here now. I heard (　　　　　) (　　　　　) out.

> A：ルーカスが皿洗いをすることになっているの。彼はどこにいる？
> B：もうここにいないと思う。彼が出かけるのが聞こえたよ。

---

061 too, to drink　　　**062** enough, to live　　　**063** order to pass　　　**064** as not to drop
065 him go

□ 061　程度を表す不定詞の慣用表現　●too ... for A to do「A が〜するには…すぎる／…すぎて A は〜できない」 **V137**

▶ too ... to do で「…すぎて〜できない」という意味。

▶ これに不定詞の意味上の主語 for A を加えた〈too ... for A to do〉の形で,「私が飲むには熱すぎる」を too hot for me to drink と表す。

🗝重要表現　□ **Would you like A?**「A はいかがですか」（相手に飲食物などを勧める表現）
　　　　　　□ **let A do**「A が…するのに任せる」
　　　　　　□ **cool (down)**「（食事などが）冷める」
　　　　　　　・let A cool (down) で「A を冷ます」という意味になる。
　　　　　　　⇒ Let it cool for five minutes.「それを 5 分間冷やしてください」

□ 062　程度を表す不定詞の慣用表現　●... enough for A to do「A が〜するほど（十分）…／（とても）…なので A は〜」 **V138**

▶ ... enough to do で「〜するほど（十分）…」という意味。

▶ これに不定詞の意味上の主語 for A を加えた〈... enough for A to do〉の形で,「3 人が暮らせるほど十分に広くはなかった」を not large enough for three people to live in と表す。

🗝重要表現　□ **Besides, ...**「そのうえ, …」
　　　　　　　・この besides は〈追加〉を表す副詞。
　　　　　　　・前置詞の besides は besides A の形で「A に加えて／A の他に」という意味を表す。

□ 063　「合格するために」という目的を表す　　　　●in order to do「…するために」 **V141**

▶ 副詞用法の〈目的〉の意味で不定詞を使っていることをはっきりさせるために, in order to do や so as to do という表現を用いることがある。

🗝重要表現　□ **on the verge of doing**「…する間際で／今にも…するところで」
　　　　　　□ **depend on [upon] A**「A 次第である／A によって決まる」
　　　　　　□ **pass a test**「テストに合格する」
　　　　　　　・□ fail a test「テストに落第する」

□ 064　「落として壊さないように」という目的を表す　●so as not to do「…しないように」 **V142**

▶ 「…しないように」という否定の意味の〈目的〉を表す場合は, in order not to do や so as not to do を使う。not は不定詞の直前に置くことに注意。

▶ in order や so as を用いずに, not to do だけで否定の意味の〈目的〉を表すことは一般的にはしない。

🗝重要表現　□ **Do you want me to do ...?**「…しましょうか」
　　　　　　　・相手に対して何かを申し出る表現。
　　　　　　　・「私が…するのをあなたは欲しいですか＝私に…して欲しいですか」が直訳。

□ 065　知覚動詞 heard に着目　　　　　　　　　●hear A do「A が…するのを聞く」 **V143**

▶ SVOC の C に動詞の原形が来る場合がある。その動詞の原形を原形不定詞と呼ぶ。原形不定詞を用いるのは, V が知覚動詞（see, hear など）や使役動詞（make, let, have）の場合。

▶ 「彼が出かけるのが聞こえた」を, 原形不定詞 go out で表す。

🗝重要表現　□ **be supposed to do**「…することになっている／…しなければならない」
　　　　　　□ **do the dishes**「皿洗いをする」

066 A : Jim's always missing his train. That's why he's late for meetings.

B : He's a nice guy, but (　　　　　) people waiting is one of his bad habits.

> A：ジムはいつも電車に乗り遅れてばかりいる。だから，彼は会議に遅れるんだよ。
> B：彼はいい人だけど，人を待たすのが悪い癖の１つだね。

067 A : Why don't we go to karaoke tonight? It'll be the first time in a long while.

B : Sounds great! I've been looking forward to (　　　　　) to karaoke with you again.

> A：今夜，私たちでカラオケに行くのはどう？　とても久しぶりよね。
> B：いいね！　また君とカラオケに行くのを楽しみにしていたよ。

068 A : Is anything wrong? You look worried.

B : Yeah. I'm worried about (　　　　　) (　　　　　) missing so many days of school this year.

> A：どうしたの？　君，心配そうだね。
> B：そうなの。娘が今年は何日も学校を休んでいることが心配なの。

069 A : What is the most moving film you've ever seen?

B : It's *Titanic*. I can't watch it without (　　　　　) moved to tears.

> A：あなたが今まで観た中で，一番感動した映画は何ですか。
> B：「タイタニック」です。観たら必ず感動して泣いてしまいます。

070 A : Your grandfather looks very strong for his age.

B : Well, he played rugby for many years. He is proud of (　　　　　) (　　　　　) a well-known rugby player in his youth.

> A：あなたのおじいさんは，年齢の割に身体ががっちりしていますね。
> B：実は長い間ラグビーをしていました。若い頃，有名な選手だったことを誇りにしています。

---

066 keeping　　067 going　　068 my daughter [daughter's]　　069 being
070 having been

文法解説 第6章 動名詞

□ 066 主語が動名詞　　　　　　　　　　　　　●動名詞─主語 **V155**

▶ 動名詞 doing「…すること」は名詞と同じような働きをし，主語，補語，他動詞の目的語，前置詞の目的語になる。

▶ ここでは主語にあたる「人を待たせること」を動名詞（keeping people waiting）で表す。

🔑重要表現　□ **miss one's train**「（乗るはずの）電車に乗り遅れる」
　　　　　　□ **That's why ...**「それが…する理由だ／そういうわけで…」
　　　　　　□ **keep A waiting**「A（人）を待たせる」

□ 067 前置詞のあとに来るのは名詞の働きをする語句　●動名詞─前置詞の目的語 **V156**

▶ 前置詞のあとには名詞の働きをする語句が来るのが原則。

▶ 前置詞 to の目的語にあたる「また君とカラオケに行くこと」を動名詞（going to karaoke with you again）で表す。

🔑重要表現　□ **the first time in A**「A（の期間）で初めてのこと」
　　　　　　　・in A で期間を表す。
　　　　　　　⇒ I met her for the first time in fifteen years.「彼女に会うのは15年ぶりだった」
　　　　　　□ **look forward to doing**「…することを楽しみに待つ／心待ちにする」

□ 068 動名詞が表す行為の主語を名詞で表す　　●動名詞の意味上の主語 **V157**

▶ 動名詞の意味上の主語は，名詞や代名詞の所有格あるいは目的格で表し，動名詞の前に置く。

▶「学校を休む」という行為の主語は「（私の）娘」。

🔑重要表現　□ **Is anything wrong?**「どうかしましたか」
　　　　　　　・Something is wrong with A. で「A には何かおかしなところがある」という意味。
　　　　　　　⇒ Something is wrong with my smartphone.「私のスマホはどこかおかしい」
　　　　　　□ **be worried about A**「A を心配する」

□ 069 他動詞 move「…を感動させる」に注目　●受動態の動名詞 (being done) **V158**

▶「感動して泣くこと」→「感動させられて泣くこと」と考えて，受動態の動名詞で表す。

▶ 受動態の動名詞は being done「…されること」という形になる。

🔑重要表現　□ **moving【形容詞】**「（人を）感動させる（ような）／感動的な」
　　　　　　□ **can't [cannot] do ... without ～**「…すると必ず～する」
　　　　　　　・「～しないで…することはできない」が直訳。
　　　　　　□ **move A to tears**「感動させて A（人）の涙を誘う」
　　　　　　　・受動態は be moved to tears「感動して泣く」という形になる。

□ 070 2つの出来事の時間のずれを表す　　　●完了動名詞 (having done) **V159**

▶ 述語動詞が表す時よりも前のことを動名詞で表すときは having done を用いる。この形は「完了動名詞」と呼ばれる。

▶「誇りに思っている（現在）」と「若い頃，有名な選手だった（過去）」とは，時がずれていることに注目。述語動詞 is よりも前のことなので，完了動名詞（having been）で表す。

🔑重要表現　□ **for one's age**「年齢の割に」
　　　　　　□ **be proud of A**「A を誇りに思う」
　　　　　　　・A に入るのは名詞か動名詞。
　　　　　　□ **in one's youth**「（人の）若い頃」

<u>071</u>
▢▢▢

A : Oregon is to the north of Washington, isn't it?

B : Actually, it's the other way around. (   ) (   ) such simple geography is a little embarrassing, isn't it?

A：オレゴンはワシントンの北側にあるよね？

B：いいえ，逆ですよ。こういう単純な地理を知らないのはちょっと恥ずかしくない？

<u>072</u>
▢▢▢

A : Were you lonely as a child because both your parents worked and weren't at home for much of the time?

B : Not really. Research shows that (   ) parents' children tend to become mentally independent of their parents at an early age.

A：子どもとしては，両親が働いていてあまり家にいなかったことを寂しく思っていた？

B：そんなことはないよ。調査によると，親が働いている子どもは，幼い年齢で親から精神的に自立する傾向があるらしいよ。

<u>073</u>
▢▢▢

A : I heard something break. What happened?

B : I accidentally dropped a glass. Be careful. There're pieces of (   ) glass on the floor.

A：何か壊れる音が聞こえたよ。何があったんだろう？

B：私がうっかりコップを落としたの。気を付けて。壊れたガラスの破片が床に落ちているから。

<u>074</u>
▢▢▢

A : I really like this pineapple cake. Where did you get it?

B : My cousin (   ) in Singapore sent it to me. Pineapple cakes seem to have originated in Taiwan, but I like the ones from Singapore more than those from Taiwan.

A：このパイナップルケーキはとても美味しいですね。どこで買いましたか。

B：シンガポールに住むいとこが送ってくれました。パイナップルケーキは元々台湾で始まったそうですが，私はシンガポールのものの方が台湾のものより好きです。

<u>075</u>
▢▢▢

A : How did you learn to speak German so well?

B : Well, I listen to German radio programs, watch German TV shows, and read articles and books (   ) in German.

A：どうやって，そんなに上手にドイツ語を話せるようになったのですか。

B：そうですね，ドイツのラジオ番組を聞いたり，ドイツのテレビ番組を見たり，ドイツ語で書かれた記事や本を読んだりしています。

---

071 Not knowing   **072** working   **073** broken   **074** living   **075** written

☐ 071　「…しないこと」　　　　　●動名詞の否定形 (not doing / not having done)　V160

▶ 文の主語「こういう単純な地理を知らないこと」を動名詞 (Not knowing such simple geography) で表す。

▶ 動名詞の否定形は，動名詞の直前に not や never を置き，not doing「…しないこと」／ not having done「…しなかったこと」という語順になる。

🔑重要表現　☐ **A is to the north [east / west / south] of B.**「A は B の北［東／西／南］にある」
　　　　　　☐ **the other way around**「逆で［に］，反対で［に］」
　　　　　　☐ **embarrassing**「(もの・事が) 恥ずかしい／(人を) 恥ずかしくさせるような」
　　　　　　　・☐ embarrassed「(人が) 恥ずかしい／ばつが悪い／人目を気にする」

👨‍🏫🔑 **文法解説** 第**7**章｜分　詞

☐ 072　**parents** と **work** の関係に注目　　●名詞修飾の分詞─現在分詞と過去分詞の区別　V179

〈確認〉・分詞には現在分詞 doing と過去分詞 done の 2 種類がある。
　　　　・分詞は形容詞と同じように用いられ，名詞を修飾することができる。分詞と修飾される
　　　　　名詞との関係によって，現在分詞と過去分詞を使い分ける。

▶ 本問の場合，parents と work「働く」の間には「親が働いている」という能動関係が成立するので，現在分詞 working で表す。

▶ このように，分詞が単独で用いられる場合は，原則として名詞の前に置くことに注意。

🔑重要表現　☐ **tend to do**「…しがちである／…する傾向にある」
　　　　　　☐ **be independent of A**「A から自立［独立］している」
　　　　　　　・☐ be dependent on [upon] A「A に依存している」

☐ 073　**glass** と **break** の関係に注目　　●名詞修飾の分詞─現在分詞と過去分詞の区別　V180

▶ glass と break「…を壊す」の間には「ガラスが (何かによって) 壊された」という受動関係が成立するので，過去分詞 broken で表す。

🔑重要表現　☐ **a piece of A**「1 つの A (不可算名詞)」
　　　　　　　・「複数の A」の場合は pieces of A となる。
　　　　　　　・glass「ガラス」は不可算名詞なので，「(複数の) ガラスの破片」を glasses と表すことはできない。

☐ 074　**my cousin** と **live** の関係に注目　　　　　　　●現在分詞句の後置修飾　V181

▶ my cousin と live「住む」の間には「私のいとこが住んでいる」という能動関係が成立するので，現在分詞 living で表す。

▶ このように，分詞が他の語句を伴う場合は，原則として名詞のあとに置くことに注意。

🔑重要表現　☐ **send A to B**「A を B に送る／届ける／発送する」
　　　　　　☐ **originate in A**「A (場所) に由来する／A (場所) で生じる／始まる」

☐ 075　**articles and books** と **write** の関係に注目　　　●過去分詞句の後置修飾　V182

▶ articles and books と write「…を書く」の間には「記事や本が書かれる」という受動関係が成立するので，過去分詞 written で表す。

🔑重要表現　☐ **learn to do**「(学習した結果) …できるようになる」

076　A : Who is in charge here?

B : A man (　　　　　　) Hamada is in charge here. But he doesn't care for formalities, so everybody calls him Hamachan.

A : ここの責任者は誰ですか。
B : ハマダという男性がここの責任者ですが，彼は堅苦しいのが嫌いなので，みんなハマちゃんと呼んでいます。

077　A : I heard your son got out of the hospital recently. How is he?

B : He has completely recovered. We're really happy to see him (　　　　　　) outside with his friends again.

A : 息子さんが最近退院したと聞きました。具合はどうですか。
B : すっかり良くなりました。また友だちと外で遊んでいるのを見て，本当にうれしいです。

078　A : You don't look so well. What's the matter?

B : I saw a dog (　　　　　　) by a car. It was a terrible sight.

A : あまり元気でなさそうだね。どうしたの？
B : 犬が車にはねられるのを目撃したんだ。とても悲惨な光景だったよ。

079　A : You said your brother would meet us in the park. Where is he?

B : Over there. He's the one wearing sunglasses, (　　　　　　) near the big tree.

A : あなたは，お兄さんが私たちと公園で会うと言っていたよね。彼はどこ？
B : あそこだよ。サングラスをかけて，大きな木の近くに立っているのが彼だよ。

080　A : My computer isn't working. Could you take a look at it?

B : (　　　　　) (　　　　　　) much about computers, I can't really help you. Sorry.

A : パソコンが動いていないな。ちょっと見てもらえる？
B : あまりパソコンに詳しくないから，お役に立てないよ。ごめん。

---

076 named　　　　**077** playing　　　　**078** hit　　　　**079** standing　　　　**080** Not knowing

☐ 076　a man と name の関係に注目　●分詞の後置修飾─現在分詞と過去分詞の区別 V183

▶ a man と name「…を（〜と）名付ける」の間には「男性が（浜田と）名付けられる［た］」という受動関係が成立するので，過去分詞 named で表す。

🔑重要表現　☐ **in charge (of A)**「（A の）責任を負って／（A を）担当して／（A を）管理して」
　　　　　　☐ **care for A**「A を好む」
　　　　　　・care for A には「A の世話をする」という意味もある。
　　　　　　⇒ I taught my child how to **care for** our pet dog.「飼い犬の世話の仕方を子どもに教えた」

☐ 077　目的語 him と play の関係に注目　●see A doing「A が…しているのを見る」 V189

▶ 目的語 him と play「遊ぶ」には「彼が遊んでいる」という能動関係が成立するので，現在分詞 playing で表す。

▶ 原形不定詞を用いる see A do「A が…するのを見る」には「動作の開始から終了までを見る」というニュアンスがあるのに対し，現在分詞を用いる see A doing「A が…しているのを見る」には「動作の途中経過を見ている」というニュアンスがある。

🔑重要表現　☐ **get out of the hospital**「退院する」（= leave the hospital）
　　　　　　・☐ enter the hospital「入院する」，☐ be in the hospital「入院している」

☐ 078　目的語 a dog と hit の関係に注目　●see A done「A が…されるのを見る」 V190

▶ 目的語 a dog と hit「…に衝突する」には「犬が（車に）衝突される」という受動関係が成立するので，過去分詞 hit で表す。

▶ hit は無活用（hit - hit - hit）であることに注意。

🔑重要表現　☐ **What's the matter?**「（相手の健康や身の上を案じて）どうしたのですか」（= Is there anything the matter?）
　　　　　　・この matter は「不具合／悪いところ」という意味。

☐ 079　分詞構文の形を確認する　　　　　　　　　　　　●分詞構文の基本形 V194

〈確認〉分詞が導く句が，文（の述語動詞）を修飾するものを「分詞構文」と呼ぶ。
　　　　・分詞構文は原則として現在分詞で表す。
　　　　・分詞構文は「時」，「理由」，「付帯状況」，「条件」，「譲歩」などの意味を持つ。
　　　　・分詞構文は文頭，文中，文末で用いることができる。
　　　　・分詞構文の意味上の主語と，修飾する文の主語は一致するのが原則。

▶ 本問では，空所以下（standing near the big tree）が分詞構文。wearing sunglasses は現在分詞句の後置修飾で，前にある代名詞 the one を後ろから修飾している。

🔑重要表現　☐ **wear**「…を身に着けている」
　　　　　　・日本語では着用する物によって言い方が変化することに注意。
　　　　　　・☐ wear jeans「ジーンズをはいている」，☐ wear gloves「手袋をはめている」，
　　　　　　　☐ wear a tie「ネクタイを締めている」

☐ 080　not の位置を確認する　　　　　　　　　　　　　●分詞構文の否定形 V195

▶ 分詞構文を否定する not[never] は分詞構文の直前に置き，not[never] doing ... という語順になる。

🔑重要表現　☐ **work**「（機械などが）ちゃんと動く／作動する」
　　　　　　☐ **take a look at A**「A を見る」（= have a look at A）

081   A : You seem very calm when you speak in public.
      B : Actually, I get nervous with many people (   ) me.
> A：あなたは人前で話すとき，とても落ち着いているように見えますね。
> B：本当は，たくさんの人に見られていると緊張します。

082   A : Is Microsoft Word already installed on this new computer?
      B : No. It comes with no word-processing software (   ). You
          have to buy the software separately.
> A：マイクロソフトのワードは，この新しいパソコンにすでにインストールされてい
>   ますか。
> B：いいえ。ワープロソフトはインストールされていません。別途，ソフトを買う必
>   要があります。

083   A : I have a legal problem. Do you know anybody who knows a lot about
          legal matters?
      B : Why don't you ask Chika to help you? She has a brother (   )
          is a lawyer.
> A：私は法律問題を抱えているんだ。誰か法律関係に詳しい人いない？
> B：チカに助けを求めてみてはどう？　彼女には弁護士のお兄さん［弟さん］がいるよ。

084   A : What do I need to get a discount?
      B : You need an ID (   ) proves you are a student. Otherwise,
          you can't get one.
> A：割引を適用されるには，何が必要ですか。
> B：あなたが学生であることを証明する身分証明書が必要です。そうでなければ割引
>   を受けることはできません。

085   A : What does success depend on?
      B : It depends not on the people (   ) you know but on your own
          efforts and sincerity.
> A：成功は，何によって決まるのでしょうか。
> B：それはあなたが知っている人々ではなく，あなた自身の努力と誠実さで決まりま
>   す。

---

081 watching   082 installed   **083** who   **084** which   **085** whom

☐ 081　many people と watch の関係に注目　●付帯状況を表す〈with ＋名詞＋ doing〉 **V203**

▶ 付帯状況を表す〈with ＋名詞＋分詞〉の〈分詞〉の部分には, 現在分詞か過去分詞が来る。どちらを用いるかは直前の名詞と分詞の意味と関係で判断する。

▶ 本問の場合, 名詞 many people と watch「…をじっと見る」の間には「人々が（私のことを）じっと見る」という能動関係が成立するので, 現在分詞 watching で表す。

🔧 重要表現　☐ **in public**「人前で／公然と」
　　　　　　・☐ in private「誰もいないところで／内々に」
　　　　　　☐ **get nervous**「緊張する／ドキドキする／あがる」

☐ 082　word-processing software と install の関係に注目　●付帯状況を表す〈with ＋名詞＋ done〉 **V204**

▶ 名詞 word-processing software と install「…をインストールする」の間には「ワープロソフトがインストールされる」という受動関係が成立するので, 過去分詞 installed で表す。

🔧 重要表現　☐ **S come with A**「S（商品など）に A（付属品など）が付いている／S は A が付いて売られている」
　　　　　　⇒ My PC comes with a 5-year guarantee.「私の PC には 5 年保証が付いている」

👨‍🏫 文法解説 | 第8章 | 関係詞

☐ 083　空所の後ろに欠けているものは？　●先行詞が「人」＋主格の who **V205**

> 〈確認〉関係代名詞は,
> ・名詞と文をつなげる働きをするので,〈名詞＋関係代名詞＋文…〉という語順になる。
> ・このときの〈名詞〉を「先行詞」と呼び,〈関係代名詞＋文…〉を「関係代名詞節」と呼ぶ。
> ・関係代名詞の後ろでは名詞の働きをする語句が 1 つだけ欠けている。
> ・その語句は先行詞となっていて, 関係代名詞節の中ではその関係代名詞がその欠けた語句の代わりをしている。

▶ 本問の場合, 空所の後ろに be 動詞 (is) と補語 (a lawyer) があるので, 主語が欠けていることがわかる。先行詞 a brother が「人」なので, 関係詞節内で主語の働きをする主格の関係代名詞 who を用いる。

🔧 重要表現　☐ **Why don't you do ...?**「…したらどうですか」
　　　　　　・相手に提案する表現。
　　　　　　☐ **ask A to do**「A に…するように頼む」

☐ 084　空所の後ろに欠けているものは？　●先行詞が「人以外」＋主格の which **V206**

▶ 空所の後ろに他動詞 (proves) と目的語にあたる名詞節 (that) you are a student があるので, 主語が欠けていることがわかる。

▶ 先行詞 an ID が「人以外」なので, 関係詞節内で主語の働きをする主格の関係代名詞 which を用いる。

🔧 重要表現　☐ **get a discount**「割引してもらう／安くしてもらう／まけてもらう」

☐ 085　「人々←あなたが知っている」know の目的語は何か　●先行詞が「人」＋目的格の whom **V207**

▶ the people「人々」を先行詞にして, そのあとに関係代名詞節 whom you know「あなたが知っている」を続けて表現する。他動詞 (know) の目的語が欠けていて, 先行詞 the people がその欠けた語にあたることを確認しておこう。

▶ 目的格の関係代名詞は省略できるので, 本問の whom も省略可能。

🔧 重要表現　☐ **not A but B**「A ではなくて B」ここでは A, B に前置詞句を用いている。

086
☐☐☐

A : I think we should extend the meeting by an hour.

B : I agree. This topic is an important issue (　　　　　) we have to discuss in detail.

A：私たちは会議を1時間延長した方がいいと思います。
B：賛成です。このテーマは詳しく話し合う必要がある重要な争点ですから。

087
☐☐☐

A : You read a lot of books. Could you recommend a good novel in English?

B : I think the mystery novel (　　　　) (　　　　) last month is perfect for you. I'll lend you my copy.

A：あなたは本をたくさん読んでますね。何か英語の小説でお勧めはありませんか。
B：先月読んだミステリー小説が，あなたにちょうどいいと思います。私の本を貸してあげましょう。

088
☐☐☐

A : What kind of person is our boss looking for now?

B : She's looking for an interpreter (　　　　) first language is Chinese. If the person knows some Korean, so much the better.

A：上司は今どのような人材を探しているのですか。
B：中国語が第一言語の通訳を探しています。その人が韓国語も多少知っていたら，なおさら好都合です。

089
☐☐☐

A : Why do people visit New Zealand?

B : They want to see the natural beauty there. New Zealand is a country (　　　　) beautiful scenery impresses anyone lucky enough to see it firsthand.

A：なぜ人々はニュージーランドを訪れるのですか。
B：そこにある美しい自然を見たいからです。ニュージーランドは，幸運にもそれを目の当たりにした誰もが感動する美しい風景がある国です。

090
☐☐☐

A : Is the party going to be held in this room?

B : No. It's too small and not suitable for a party. I've found a good room (　　　　) we can have the party.

A：パーティーはこの部屋で開かれるの？
B：違うよ。ここは狭すぎてパーティーには向かないね。パーティーを開けるいい部屋を見つけたよ。

---

086 which　　　**087** I read　　　**088** whose　　　**089** whose　　　**090** where

44

□ 086 空所の後ろに欠けているものは？ ●先行詞が「人以外」＋目的格の which **V208**

▶ 空所の後ろに主語（we）と他動詞（discuss）があるので，目的語が欠けていることがわかる。先行詞 an important issue が「人以外」なので，関係詞節内で目的語の働きをする目的格の関係代名詞 which を用いる。先行詞 an important issue を他動詞 discuss の目的語だと考えれば文意が通ることを確認しておこう。

▶ 目的格の関係代名詞は省略できるので，本問の which も省略可能。

🔑重要表現 □ **by an hour**「1時間だけ」
・この by は差異を表す。「…の差で」という意味。
□ **in detail**「詳しく／詳細に」

□ 087 「ミステリー小説←私が先月読んだ」 ●目的格の関係代名詞の省略 **V209**

▶ the mystery novel「ミステリー小説」を先行詞にして，そのあとに I read last month「私が先月読んだ」を続けるには，目的格の関係代名詞 which / that が必要だが，空所の数が2つなので，ここでは目的格の関係代名詞を省略する。

🔑重要表現 □ **copy**「（同じ本・新聞などの）1部／1冊」
⇒ Her first book sold 500,000 copies.「彼女のデビュー作は50万部売れた」

□ 088 an interpreter と first language の関係に注目 ●先行詞が「人」＋所有格の whose **V210**

▶ 空所の前後の an interpreter と first language に注目して，「通訳者の第一言語が中国語である」という状況を考え，所有格の whose を入れると文意が通る。

🔑重要表現 □ **look for A**「A を探し求める」
□ **so much the better**「それだけますますよい／なおさら好都合である」

□ 089 a country と beautiful scenery の関係に注目 ●先行詞が「人以外」＋所有格の whose **V211**

▶ 空所の前後の a country と beautiful scenery に注目して，「国の美しい風景が…を感動させる」という状況を考え，所有格の whose を入れると文意が通る。

🔑重要表現 □ **firsthand**【副詞】「じかに／直接に」（＝ at first hand / directly）
・□ see A firsthand「A を直に見る／A をこの目で見る／A を目の当たりにする」

□ 090 a good room と we can have the party の関係は？ ●関係副詞 where / 先行詞は「場所」 **V215**

〈確認〉 関係副詞は，基本的に先行詞が「場所」なら where，「時」なら when，「理由（reason）」なら why を用いる。
・ただし，先行詞だけで関係副詞を選ばないこと。
・関係副詞は〈前置詞＋目的格の関係代名詞 which〉で表せるものを，関係副詞1語で表したものである。よって，まず〈前置詞＋ which〉で表せることを確認してから，ふさわしい関係副詞を選ばなければならない。

▶ 本問の場合，次のような関係にある。
I've found a good room. + We can have the party **in the room**.
→ I've found a good room in which we can have the party.
→ I've found a good room where we can have the party.

🔑重要表現 □ **be suitable for A**「A に適している」
□ **have a party**「パーティーを開く」
・have の代わりに throw / give / hold を用いることもある。

091 A : In 1912, Japan participated in the Olympics for the first time.

B : Is that right? That was also the year (　　　　　) Emperor Meiji passed away.

A：1912 年，日本は初めてオリンピックに参加しました。
B：そうなんですか。それは明治天皇が亡くなった年でもありますね。

092 A : Are you going to take that new job?

B : No. I like my present job. There is no reason (　　　　) I should change jobs.

A：あなたは，あの新しい仕事をするつもりなの？
B：いいや。今の仕事が好きなんだ。転職するべき理由がないんだよね。

093 A : What's going to happen to that building?

B : That building, (　　　　) is no longer used, is going to be torn down.

A：あの建物はどうなりますか。
B：あの建物は，現在はもう使われておらず，解体されることになっています。

094 A : How many children do you have?

B : Only one. I have a son, (　　　　) is four years old. It's really hard raising even one child.

A：お子さんは何人ですか。
B：1 人だけです。息子で 4 歳です。1 人だけでも育てるのは本当に大変です。

095 A : I've come to like studying mathematics recently.

B : (　　　　) seems uninteresting at first sometimes turns out to be very interesting.

A：最近，数学を学ぶのが楽しくなってきたよ。
B：最初退屈に思えることが，とても興味深くなることもあるからね。

---

091 when　　　092 why　　　093 which　　　094 who　　　095 What

☐ **091 the year は「時」を表す** ●関係副詞 when / 先行詞は「時」 **V217**

▶ 〈前置詞＋which〉＝関係副詞という前提から，次のような関係を見抜く。
That was also <u>the year</u>. ＋ Emperor Meiji passed away **in the year**.
　→ That was also <u>the year</u> **in which**［＝ **when**］Emperor Meiji passed away.

☐ 重要表現 ☐ **pass away**「（人が）亡くなる」
　　　　　　・die の婉曲表現。

☐ **092 reason は「理由」を表す** ●関係副詞 why / 先行詞は reason「理由」 **V218**

▶ 先行詞 reason のあとに，関係副詞 why を使って，I should change jobs「（私が）転職するべき」を続ける。

▶ 〈前置詞＋which〉＝関係副詞という前提から，次のように表すこともできる。
There is <u>no reason</u>. ＋ I should change jobs **for the reason**.
　→ There is <u>no reason</u> **for which**［＝ **why**］I should change jobs.

☐ 重要表現 ☐ **change jobs**「転職する」
　　　　　　〈注意〉複数形の job<u>s</u> が用いられていることに注意。

☐ **093 空所の後ろに欠けているものは？** ●非制限用法の which **V224**

▶ 関係詞の前にコンマを付けて，先行詞を補足的に説明する用法を「非制限用法」と呼ぶ。本問の空所の前にもコンマがあることに注目。

▶ 述語動詞 is の主語が欠けていて，先行詞 That building は「人以外」なので，空所には非制限用法の主格の関係代名詞 which が入ると考える。

☐ 重要表現 ☐ **no longer ...**「もはや…ない」
　　　　　　☐ **tear A down / tear down A**「A（ビル・建物の一部など）を取り壊す」
　　　　　　・ここでは受動態 be torn down で用いられている。
　　　　　　・動詞 tear の不規則変化（tear-tore-torn）に注意。

☐ **094 空所の後ろに欠けているものは？** ●非制限用法の who **V225**

▶ 空所の前のコンマに注目。述語動詞 is の主語が欠けていて，先行詞 a son は「人」なので，非制限用法の主格の関係代名詞 who が入ると考える。

☐ 重要表現 ☐ **raise A**「A（子ども）を育てる」（＝ bring up A ／ bring A up）

☐ **095 どこまでが文の主語か** ●関係代名詞 what の用法—節内で主語，what 節は主語 **V234**

▶ 関係代名詞 what は the thing(s) which に相当する表現で，「…すること［もの］」という意味になる。what が導く名詞節は，文全体の中で主語，補語，他動詞の目的語，前置詞の目的語となる。

▶ 本問の空所に what を入れれば，What seems uninteresting at first は名詞節で，文全体の中で主語となる。

▶ what 節内は What(S) seems(V) uninteresting(C) at first という構造で，what は節内の主語。

☐ 重要表現 ☐ **come to do**「…するようになる」
　　　　　　・do には通例，know, believe, feel, think, like, realize などの状態を表す動詞が来る。
　　　　　　☐ **at first**「最初は，当初は」
　　　　　　☐ **turn out to be C**「結局 C になる／C だとわかる」

096 A : I can't understand your English. You speak too fast.

□□□ B : If you can't understand (　　　　　) I'm saying, I'll try to speak more slowly.

A：あなたの英語がわからない。話すのが早すぎるよ。

B：私の言っていることがわからないなら，もっとゆっくり話すようにするね。

097 A : What do you like to do on the weekends?

□□□ B : I really like to watch movies, (　　　　) these days I don't have much time for movies.

A：週末には何をするのが好き？

B：私は映画を観るのが大好きだけど，最近は映画の時間があまりないんだ。

098 A : I'm almost ready to go.

□□□ B : Hurry up, (　　　　) we'll miss our train.

A：もうすぐ出かける準備ができるよ。

B：急いで，さもないと電車に遅れるよ。

099 A : I have a slight fever and a headache.

□□□ B : Take this medicine, (　　　　) you'll feel better in the morning.

A：私は微熱があって頭痛がします。

B：この薬を飲めば，朝には元気になりますよ。

100 A : I saw a bear catching a salmon in a river on TV. Are salmon freshwater

□□□ fish?

B : Yes, but they can live in both fresh (　　　　) sea water. According to a book I read, this type of fish includes eels and *ayu*.

A：熊が川で鮭を捕まえているのをテレビで見ました。鮭は淡水魚ですか。

B：そうなのですが，淡水と海水どちらでも生きていけます。私が読んだ本によると，こういう種類の魚にはうなぎや鮎もいるそうです。

---

096 what　　　**097** but　　　**098** or　　　**099** and　　　**100** and

☐ 096 「私の言っていること」をwhatを使って表す　●関係代名詞whatの用法─節内で他動詞の目的語, what節は他動詞の目的語 **V235**

▶ 空所にwhatを入れれば, what I'm sayingは名詞節で, 他動詞understandの目的語になる。

▶ what節内はwhat(O) I(S) am saying(V)という構造で, whatは他動詞sayの目的語。

☐ 重要表現　☐ **speak (自動詞)**「話す／しゃべる／声を出す」
・様々な副詞を加えることで, 話し方や口調の違いを表現できる。
・☐ speak softly「優しく話す」, ☐ speak loudly「大声で話す」, ☐ speak frankly「率直に話す」

文法解説　第**9**章 ｜ 接続詞

☐ 097 空所の前後の意味の関係に注目　●等位接続詞 but「しかし」 **V260**

▶ 「映画を観るのが好きだ」という文と, 「最近は映画の時間があまりない」という文を, 逆接の意味を持つ等位接続詞butでつなぐと, 文意が通る。

☐ 重要表現　☐ **on the weekends**「週末に」
・on weekends / on a weekend という言い方もある。
☐ **these days**「最近／この頃／近頃 (は)」
・現在時制で用いるのが一般的。

☐ 098 空所の前後の意味の関係に注目　●命令文 ..., or SV「…しなさい。さもないと〜／…しなければ〜」 **V263**

▶ 空所の前が命令文であることに注目。命令文に続けてorを用いると「…しなさい。さもないと〜／…しなければ〜」という意味を表すことができる。

▶ この形の文は, if ... not や unless を用いて, If we don't hurry up, we'll miss our train. / Unless we hurry up, we'll miss our train. のように書きかえることができる。

☐ 重要表現　☐ **be ready to do**「…する準備 [用意] ができている」

☐ 099 空所の前後の意味の関係に注目　●命令文 ..., and SV「…しなさい。そうすれば〜／…すれば〜」 **V264**

▶ 空所の前が命令文であることに注目。命令文に続けてandを用いると「…しなさい。そうすれば〜／…すれば〜」という意味を表すことができる。

▶ この形の文は, ifを用いて, If you take this medicine, you'll feel better in the morning. のように書きかえることができる。

☐ 重要表現　☐ **have a fever**「熱がある」
・☐ have a slight [high] fever「微熱 [高熱] がある」
☐ **take medicine**「薬を飲む」

☐ 100 **both に注目**　●**both A and B**「AとBの両方／AもBも」 **V265**

▶ both A and Bのような, 等位接続詞を用いた相関的な表現では, AとBに原則として文法的に対等な表現 (語・句・節) を用いる。

▶ 本問の場合, fresh と sea をつないでいる。fresh は形容詞, sea は名詞だが, この場合の sea は「海の」という意味で形容詞的に用いられたもの。

☐ 重要表現　☐ **according to A**「A (新聞・文献・調査) によれば (…だそうだ)」

<u>101</u>
□□□
A : It was considerate of you to help me at today's meeting. I'll phone you later about the next meeting.

B : Contact me not by phone (　　　　　) (　　　　　) e-mail. Sometimes I don't notice my phone ringing.

A：今日の会議で助けていただき，とても感謝しています。次の会議について，また あとでお電話します。
B：私への連絡は電話ではなくメールでお願いします。時々，電話が鳴っているのに 気づかないんです。

<u>102</u>
□□□
A : I've put on a little weight. I'm thinking of going on a diet.

B : If you really want to lose weight, you should (　　　　　) only go on a diet (　　　　) also start exercising.

A：私，体重が少し増えたのよ。ダイエットしようと思っているの。
B：本当に体重を減らしたかったら，ダイエットをするだけではなく，運動も始めた 方がいいよ。

<u>103</u>
□□□
A : This refrigerator is the latest model and is very economical. Are you going to buy it?

B : I want to, but the only problem is (　　　　　) it is a little too big for my kitchen.

A：この冷蔵庫は最新の機種でとても経済的だよ。あなたはこれを買うの？
B：そうしたいんだけど，問題はうちの台所にはちょっと大きすぎるのよ。

<u>104</u>
□□□
A : Are you ready for a major earthquake?

B : Yes, I am because there's a possibility (　　　　　) a major earthquake will hit Japan sometime soon.

A：大地震への備えはできていますか。
B：はい，できています。なぜなら近いうちに日本で大地震が起きる可能性があるか らです。

<u>105</u>
□□□
A : Why didn't you make it to your appointment?

B : (　　　　　) I looked at the timetable, I realized that the train had already left the station three minutes before. It was my fault. I had misunderstood the starting time.

A：どうして約束の時間に間に合わなかったの？
B：時刻表を見たら，電車がすでに3分前に駅を出たことに気づいたんだ。うっかり していたんだよ。出る時間を間違えていたんだ。

---

101 but by　　**102** not, but　　**103** that　　**104** that　　**105** When

☐ **101** 「電話ではなくメールで」― A と B に相当するものは？　● not A but B「A ではなく B」 **V266**

▶ 「電話ではなくメールで」を not A but B で表す。

▶ A と B には文法的に対等な表現を用いるため，この場合は前置詞句を用いて not <u>by phone</u> but <u>by e-mail</u> とする。

🔑重要表現　☐ **It is considerate of you to do ...**「…するとはあなたは思いやりがある」相手に対するお礼を述べるときの表現。
　　　　　☐ **by phone**「電話で」（= on the phone）
　　　　　☐ **notice A doing**「A が…しているのに気づく」

☐ **102** 何と何を並べているのか　● not only A but (also) B「A だけではなく B も」 **V267**

▶ 「ダイエットをするだけではなく，運動も始めた方がいい」を not only A but also B の形を用いて表す。

▶ A と B には文法的に対等な表現を用いる。この場合はともに動詞句。

🔑重要表現　☐ **put on [gain] weight**「体重が増える／太る」
　　　　　☐ **go on a diet**「ダイエットを始める」
　　　　　・☐ **be on a diet**「ダイエットをしている」
　　　　　☐ **lose weight**「体重が減る／やせる」

☐ **103** 節内は完全な文か？　●名詞節を導く接続詞 that ― that 節「…ということ」が補語 **V270**

▶ 接続詞 that は「…ということ」という意味の名詞節を導き，that 節は文全体の主語，補語，他動詞の目的語になる。

▶ 接続詞 that のあとには名詞要素が欠けていない完全な文の形が続く。

▶ 関係代名詞 what も名詞節を導くが，関係代名詞 what のあとには名詞要素が1つ欠けた不完全な文の形が続くことに注意。

🔑重要表現　☐ **economical**「（物・事が）経済的な／（人が）節約する」
　　　　　・☐ **economic**「経済（学）の」
　　　　　☐ **The problem is that ...**「問題は…ということだ／困ったことに…」

☐ **104** 　　　●同格の名詞節を導く接続詞 that ―〈名詞＋ that 節〉「…という〈名詞〉」 **V271**

▶ 〈名詞＋ that 節〉という形で，that 節が名詞の具体的な内容を説明しているとき，この that 節を「同格の名詞節」と呼ぶ。

▶ 本問の空所のあとに，a major earthquake(S) will hit(V) Japan(O) sometime soon「近いうちに大地震が日本を襲うだろう」という「完全な文」が来ていることに注目し，空所に接続詞 that をあてはめる。

▶ この that 節は a possibility の具体的な内容を説明する同格の名詞節。

🔑重要表現　☐ **be ready for A**「A の準備 [用意] ができている／A に対する備えができている」
　　　　　☐ **possibility[chance] that ...**「…という可能性」
　　　　　・possibility[chance] は同格の that 節を伴うことのできる名詞。
　　　　　・ほかに，idea[thought]「考え」，doubt「疑い」，opinion「意見」，hope「希望」なども同格の that 節を伴うことができる。
　　　　　☐ **hit A**「（災害・病気などが）A（人・場所など）を襲う」

☐ **105** 　　　　　　●「時」を表す接続詞 when ...「…するとき」 **V276**

▶ 「時刻表を見たら」→「時刻表を見たとき」と考える。

🔑重要表現　☐ **make it to A**「A（乗り物・約束など）に間に合う」

106　A : Where do you live now?

　　B : In Sendai.　About five years have passed (　　　　　) I moved there.

　　　　A : 今はどこに住んでいるの？
　　　　B : 仙台だよ。引っ越してから 5 年ほど経ったよ。

107　A : When are you returning to France?

　　B : Next week.　If possible, I'd like to see you again (　　　　　) I leave.

　　　　A : フランスにはいつ帰るの？
　　　　B : 来週に。もしできたら，出発前にもう一度あなたに会いたいな。

108　A : I think I'm going to be a little late for the meeting.

　　B : Don't worry.　We'll wait (　　　　　) you come to start the meeting.

　　　　A : 私は会議にちょっと遅れると思います。
　　　　B : 心配ありません。私たちはあなたが来るのを待ってから会議を始めます。

109　A : Could you tell me your cell phone number?

　　B : Actually, I'm going to get a new cell phone (　　　　) (　　　　)
　　　　(　　　　) we meet next week.　I'll tell you the new number then.

　　　　A : 携帯番号を教えてもらえませんか。
　　　　B : 実は，来週会うまでに新しい携帯を買うつもりでいます。その時に新しい番号を
　　　　　　伝えます。

110　A : When did you hear about that terrorist attack?

　　B : (　　　　) (　　　　) (　　　　) I got home, I turned on
　　　　the TV and saw it on the news.

　　　　A : あのテロ攻撃については，いつ聞きましたか。
　　　　B : 帰宅してすぐに，テレビをつけてニュースで見ました。

---

106 since　　107 before　　108 until [till]　　109 by the time　　110 As soon as

□ **106** 　現在完了形 have passed に注目　　●「時」を表す接続詞 since ...「…して以来（ずっと）」　**V277**

▶ 「引っ越してから」→「あちらに引っ越して以来」と考える。
▶ since ...「…して以来（ずっと）」は「過去の起点」を表し，主節には原則として完了形を用いる。

🔑重要表現　□ **時間＋ have passed since SV.**「…してから（現在まで）〜（の時間が）経った」
　　　　　　　・時間の経過を表す表現。
　　　　　　　・〈It is [has been] ＋時間＋ since SV.〉でも同じような意味を表すことができる。

□ **107**　　　　　　　　　　　　●「時」を表す接続詞 before ...「…する前に／…しないうちに」　**V278**

▶ 「出発前に」→「私が出発する前に」と考える。

🔑重要表現　□ **return to A**「A に戻る」
　　　　　　　・〈注意〉return は自動詞。他動詞と間違えないように注意。
　　　　　　　・cf. □ return A to B「A（借りた物など）を B（元の場所や人）に返す／戻す」
　　　　　　□ **if possible**「できれば／もし可能なら」
　　　　　　　・if it is possible の it is が省略されたもの。
　　　　　　　・省略しても意味が通じる場合，副詞節内の〈S ＋ be 動詞〉は省略されることがある。

□ **108**　　　　　　　　　　　　　　　　●**until [till] ...「…するまで（ずっと）」**　**V281**

▶ 「あなたが来るのを待って」→「あなたが来るまで待って」と考える。
▶ until [till] ... は「…するまで（ずっと）」という意味で〈動作や状態の継続〉を表す。

🔑重要表現　□ **I think I'm going to do**「私は…しそうだ／…することになると思う」
　　　　　　□ **wait until SV**「…するまで待つ」
　　　　　　　・cf. □ wait for A「A を待つ」，□ wait for A to do「A が…するのを待つ」

□ **109**　　　　　　　　　　　　●**by the time ...「…するときまでには（すでに）」**　**V282**

▶ 「私たちが来週会うときまでに」は接続詞の by the time を用いて表す。
▶ by the time ... は「…するときまでには（すでに）」という意味で〈期限〉を表す。
▶ until [till] ...「…するまで（ずっと）」と混同しやすいので注意。

🔑重要表現　□ **next week**「来週」
　　　　　　　・現在を起点とする場合は無冠詞で用いるが，特定の時点を起点として「その次の週」を表す場合は the next week とする。
　　　　　　　⇒ I will go to Osaka **next week**, and to Fukuoka **the next week**.「来週は大阪に，その次の週は福岡に行きます」

□ **110**　　　　　　　　　　　　　　　　　　●**as soon as ...「…するとすぐに」**　**V283**

▶ 「帰宅してすぐに」は接続詞の as soon as を用いて表す。

🔑重要表現　□ **get home**「家に着く」
　　　　　　　・この home は副詞で，go，come，get，return などの動作動詞とともに用いて「自宅へ［に］」という意味を表す。
　　　　　　□ **turn on A / turn A on**「A（テレビ・照明など）をつける」
　　　　　　　⇔ turn off A / turn A off「A（テレビ・照明など）を消す」

111
A : Today's a holiday. What shall we do?

B : (　　　　　　　　) the weather's nice, why don't we rent a car and go for a drive?

A：今日は祝日だね。何をしようか？
B：お天気もいいから，レンタカーを借りてドライブに行かない？

112
A : How is your report going? Are you making good progress?

B : Yes, I am. I've been working on it in the library (　　　　　　) I need to use the reference books there.

A：君のレポートはどう？　順調に進んでいる？
B：うん，そうだね。そこの参考図書が必要でずっと図書館で取り組んでいたんだ。

113
A : Do you think many people will come to the meeting on Saturday?

B : No. Only a few people will attend it (　　　　　) it's held on a weekday.

A：土曜の会議に大勢の人が来ると思いますか。
B：いいえ。平日に開かれるのでなければ，数人しか出席しないでしょう。

114
A : Do you eat out a lot?

B : Yes. I'm too busy to cook for myself, (　　　　　) I know by doing so I can save money.

A：よく外食します？
B：はい。忙しすぎて自炊できません。自炊する方がお金の節約になるのはわかっているのですが。

115
A : Do you like to go to the movies?

B : No. The seats in movie theaters are (　　　　) narrow (　　　　) I can't really relax. I prefer to watch movies at home.

A：あなたは，映画を観に行くのは好き？
B：いいえ。映画館の座席は狭すぎて，あまり落ち着かないわ。私は自宅で映画を観る方がいいの。

---

111 Since　　　　**112** because　　　　**113** unless　　　　**114** although [though]　　　　**115** so, that

☐ 111 ●「理由」を表す接続詞 since ...「…だから／…なので」 **V288**

▶ 接続詞 since は「（ご承知の通り）…だから／…なので」という「理由」の意味を表すこともある。

▶ 接続詞 since は読み手や聞き手がすでに知っていると思われることを理由として述べるときに用いる。

▶ 〈Since SV ..., SV ～.〉という形で用いることが多い。

☐ 重要表現 ☐ **go for a drive**「ドライブに行く」
　　　　　　　・☐ go for a walk「散歩に出かける」

☐ 112 ●「理由」を表す接続詞 because ...「…だから／…なので」 **V289**

▶ 「理由」を表す接続詞 because を入れれば文意が通る。

☐ 重要表現 ☐ **How is A going?**「A の調子はどうですか」
　　　　　　　☐ **make good progress with [in] A**「A が上達する／順調に進む／はかどる」
　　　　　　　・progress は不可算名詞。
　　　　　　　〈注意〉× make a good progress としないように注意。

☐ 113 ●unless ...「…でない限り／もし…でなければ」 **V293**

▶ unless ... には
　・「…でない限り」という〈例外〉の意味と,
　・「もし…でなければ (= if ... not)」という 2 つの意味がある。

☐ 重要表現 ☐ **only a few +可算名詞**「ほとんどない…／わずかしかない…／ほんの数人の [数個の] …」

☐ 114 ●although ...「…だけれども／…にもかかわらず」(= though ...) **V301**

▶ 「譲歩」を表す接続詞 although [though] を入れれば文意が通る。

▶ 本問のように SV ..., although [though] SV ～. という形で「…。もっとも～だが」という意味になり, 前の文で述べた内容を弱める用法もあることに注意しよう。

☐ 重要表現 ☐ **eat out**「外食する」
　　　　　　　・この out は「（娯楽のために）外出して」という意味の副詞。
　　　　　　　・cf. ☐ eat in「家で食事をする」
　　　　　　　☐ **for oneself**「自分で／自分のために／（人の助けを借りずに）自力で」
　　　　　　　☐ **save money**「お金を節約する／倹約する」

☐ 115 ●so ... that ～「とても…なので～／～ほど [くらい] …」 **V306**

▶ 「結果・程度」を表す so ... that ～の「...」には, 原則として形容詞や副詞が来る。

☐ 重要表現 ☐ **go to the movies**「映画を観に行く」(= go to see a movie)
　　　　　　　☐ **prefer to do**「…する方を好む」

116　A : Do you recommend that I read that book?

　　　B : Yes, I do. It's (　　　　　　) an interesting book (　　　　　　)
　　　　　everyone should read it. I'm sure you'll enjoy it.

　　　　A：あの本は読んだ方がいいと思う？
　　　　B：うん，そう思うよ。とても興味深い本だから，誰もが読んだ方がいいよ。きっと
　　　　　君も楽しめると思う。

117　A : Why are you working so hard?

　　　B : I'm saving money (　　　　　　) (　　　　　　) I can go to Hawaii.

　　　A : Hawaii? I want to go there someday, too.

　　　　A：どうしてそんなに一生懸命に働いているの？
　　　　B：ハワイに行けるようお金を貯めているんだ。
　　　　A：ハワイ？　私もいつか行きたいな。

118　A : Did anyone call me this morning?

　　　B : Yes, there were several calls for you (　　　　　　) you were out.

　　　　A：今朝，誰か私に電話をかけてきました？
　　　　B：はい，あなたの外出中に数件電話がありました。

119　A : When should I leave in order to get to the bus station by noon?

　　　B : I suggest you leave (　　　　　　) 10:30 just in case the traffic is
　　　　　heavy.

　　　　A：正午までにバス停に着くには，何時に出発したらいい？
　　　　B：渋滞に備えて，10 時半に出ることを勧めるよ。

120　A : Could you tell me what was decided at the last meeting?

　　　B : It was decided that we would hold the school festival (　　　　　　)
　　　　　September 20th.

　　　　A：前回の会議で何が決まったか教えてもらえますか。
　　　　B：9 月 20 日に学園祭を開催することが決まりました。

---

116 such, that　　　**117** so that　　　**118** while　　　**119** at　　　**120** on

☐ **116**　冠詞 a/an の位置に注目　　●such ... that ~「とても…なので~／~ほど［くらい］…」 `V307`

▶ 「結果・程度」を表す such ... that ~ の「...」には、〈(a/an) ＋形容詞＋名詞〉の形が来るのが原則。

🔑重要表現　☐ **recommend that S (should) do**「…することを勧める」
　　　　　　〈注意〉この表現では that 節内で動詞の原形や should を用いることに注意。
　　　　　　・*cf*. ☐ **suggest that S (should) do**「…することを提案する」, ☐ **order that S (should) do**「…することを命令する」
　　　　　☐ **I'm sure (that) ...**「きっと…だと思う」

☐ **117**　　　　　　　　　●so that S can [will / may] do「S が…するために」 `V310`

▶ so that S can [will / may] do で「S が…するために」という〈目的〉の意味を表す。

▶ in order that S can [will / may] do でも同じ意味を表すが、文語的な表現。

🔑重要表現　☐ **save money**「貯金する／お金を貯める」
　　　　　☐ **someday**「(未来の) いつか／そのうち」

☐ **118**　　　　　　　　　　　　●〈時〉の while ...「…している間」 `V316`

▶ 接続詞 while は「何かが起こっている／行われている期間」を示すので、原則として while 節内では、動作動詞の進行形か、状態動詞が用いられる。

▶ 本問の were は状態動詞 (be 動詞の過去形)。

🔑重要表現　☐ **There is a call for A (from B).**「A に (B から) 電話がかかっている」
　　　　　・この call は名詞で「電話をかけること／かかってきた電話／通話」という意味。

👨‍🏫🎤◀ **文法解説** 第**10**章｜**前置詞**

☐ **119**　10:30 は時の一点　　　　●「時の一点 (＝時刻)」を表す at `V322`

▶ 「時刻」は at を用いて表す。

🔑重要表現　☐ **by noon**「正午までに」（この by は〈期限〉を表す前置詞）
　　　　　☐ **(just) in case SV**「…する場合に備えて／…するといけないので」
　　　　　・この in case は接続詞の働きをしていることに注意。
　　　　　☐ **the traffic is heavy**「渋滞している／交通量が多い」

☐ **120**　September 20th は日付　　　　●「曜日」「日付」を表す on `V323`

▶ 「何月何日に」を表す場合は一般的に〈on ＋月＋日〉という表現を用いる。

🔑重要表現　☐ **It is decided that SV.**「…ということが決定される」
　　　　　・この it は形式主語で、真主語は that 節。

121
A : When did World War II break out?

B : It broke out (   ) September 1939. The German army started the war by invading Poland.

A：第二次世界大戦はいつ起こりましたか。
B：1939 年 9 月に勃発しました。ドイツ軍がポーランドに侵攻して始まったのです。

122
A : You've gotten thinner! How did you do it?

B : I've been walking for one hour (   ) the evening five days a week.

A：あなた，前より痩せたね！　どうやって痩せたの？
B：週 5 日，夕方に 1 時間歩いているんだ。

123
A : What are we going to have for lunch?

B : I usually eat (   ) the same restaurant every day. But let's have sushi for a change. There's a nice sushi bar near here.

A：お昼は何を食べる？
B：たいてい同じレストランで毎日食べているけど，たまにはお寿司を食べようよ。この近くにうまい寿司屋があるんだ。

124
A : Where do you live?

B : I live (   ) Nagoya. It's a big city, but prices there aren't too high. It's a comfortable place to live.

A：お住まいはどちらですか。
B：名古屋です。大都市ですが物価はあまり高くありません。住むのに快適な場所です。

125
A : What has happened to you? You seem to be in low spirits.

B : I spilt coffee (   ) my favorite skirt. My late grandmother made it for me.

A：どうしたの？　元気がないようだね。
B：お気に入りのスカートにコーヒーをこぼしたの。亡くなった祖母が私に作ってくれたものなのよ。

121 in   122 in   123 at   124 in   125 on

□ 121　September は月を表す語　　　　　　　　　　●「年・月」を表す in　**V324**

▶ 「何年に」や「何月に」を表す場合は，in 1939 や in September のように in を使う。

▶ 「何年何月に」とまとめて表す場合は，〈in ＋月＋年〉という語順になる。日本語とは順序が異なる点に注意。

🔑 重要表現　□ **break out**「(戦争・家事・病気などが) 急に起こる／発生する／勃発する」
　　　　　　□ **by doing**「(手段として) …することによって」

□ 122　　　　　　　　　●「幅のある時間」を表す in — in the evening「夕方に」　**V325**

▶ 「夕方に」は，in を用いて in the evening と表現する。

▶ evening は「日没から就寝するまでの幅のある時間」であるので，in を用いる。

🔑 重要表現　□ **get thin**「痩せる／細くなる」
　　　　　　　・*cf.* □ be thin「痩せている／細い」
　　　　　　□ **five days a week**「週5日」
　　　　　　　・□ once a week「週1回」，□ twice a week「週2回」，□ three times a week「週3回」

□ 123　　　　　　　　●「広がりのない場所の一点 (＝地点)」を表す at　**V327**

▶ 「同じレストランで」という「地点」を at で表す。

🔑 重要表現　□ **for a change**「たまには／目先を変えて／いつもと違って」

□ 124　　　　　　●「広がりのある空間や領域の中に存在する状態」を表す in　**V328**

▶ 「名古屋に住んでいる」という「広がりのある空間や領域の中に存在する状態」を in で表す。

🔑 重要表現　□ **Where do you live?**「あなたはどこに住んでいますか／お住まいはどちらですか」
　　　　　　　・この場合の live は「住んでいる」という状態を表す状態動詞なので，進行形 (are you living) ではなく現在形で表す。
　　　　　　□ **prices**「物価」
　　　　　　　・物価について「高い／安い」を表す場合は，high / low を用いる。

□ 125　　　　　　　　　　●「表面に接触している状態」を表す on　**V329**

▶ スカートにコーヒーが接触している状況を on で表す。

▶ on は「表面に接触している状態」を表すので，on the ceiling「天井に」のように，下の面に接触している場合にも使うことができる。

🔑 重要表現　□ **be in low spirits**「元気がない／意気消沈している」
　　　　　　　・□ be in good spirits「気分がいい」，□ be in high spirits「機嫌がいい」
　　　　　　□ **late【形容詞】**「亡くなった／今は亡き」

126 A : We have to go to the supermarket to get some milk. How late is it open?

B : It's open (　　　　　　) eleven, so we still have time to get there before it closes.

> A : 牛乳を買いにスーパーへ行かなくちゃ。何時まで営業してるかな？
> B : 11 時まで営業しているから，閉店前には間に合いそうだね。

127 A : What time do we have to be at the airport?

B : We have to be there (　　　　　　) 8 am, so I think we should leave now.

> A : 私たちは，何時に空港へ行かなければならないの？
> B : 午前 8 時までには着いていないといけないから，すぐに出発した方がいいと思う。

128 A : I lived in France for about fifteen years.

B : Now I know why you speak French (　　　　　　) a native speaker. I really envy you.

> A : 私はフランスに約 15 年住んでいました。
> B : あなたがどうしてネイティブのようにフランス語を話すのか，やっとわかりました。とてもうらやましいです。

129 A : What do you do in order not to catch the flu?

B : I gargle, wash my hands well (　　　　　　) soap and water, and wear a mask.

> A : インフルエンザにかからないように，どんなことをしてる？
> B : うがいをして，石けんと水でよく手を洗って，そしてマスクをしてるよ。

130 A : How can I get to Asakusa?

B : If you want to go there as fast as possible, you should go (　　　　　) subway. If you want to take in the sights, you should go (　　　　　) water-bus.

> A : 浅草へはどうやったら行けますか。
> B : できるだけ早く行きたいなら，地下鉄で行くのがいいです。もし観光をしながら行きたいなら，水上バスで行くのがいいですよ。

---

126 until [till]　　**127** by　　**128** like　　**129** with　　**130** by, by

□ 126 ● until [till] と by の区別 V334

▶ till [until] A で「A までずっと」という動作や状態の継続を表す。
▶ by A は「A までに (は)」という動作や状態が完了する期限を表す。
▶ 本問の「11 時まで (ずっと) 営業している」は until [till] eleven で表す。
重要表現 □ **How late ...?**「何時まで…?」
・「どのくらい遅くまで…?」が直訳。
⇒ How late are you open?「何時まで開いていますか」（お店に営業時間を尋ねる言い方）

□ 127 ● until [till] と by の区別 V335

▶「午前 8 時までには着いていなければならない」という期限を by で表す。
重要表現 □ **... am [a.m.]**「午前…時」
・cf. □ ... pm [p.m.]「午後…時」
⇒ go to bed at 9 p.m.「午後9時に寝る」

□ 128 ● like A 「A のように／A と同様に」 V341

▶ like には前置詞の用法があり，like A で「A のように／A と同様に」という意味を表す。
▶ この表現は接続詞 as if を用いて you speak French as if you were a native speaker と書きかえることができる。
重要表現 □ **native speaker (of A)**「(A の) ネイティブスピーカー／(A を) 母語とする人」
・〈注意〉日本語では「英語のネイティブ」という言い方をするが，英語では native speaker of English と表現することに注意。

□ 129 ● 道具の with V345

▶ with A は「A (道具) を使って (= by using A)」という意味を表すことがある。
重要表現 □ **catch the flu**「インフルエンザにかかる」
・cf. □ have the flu「インフルエンザにかかっている」
□ **wear a mask**「マスクをする」

□ 130 ● 伝達・交通手段を表す by V346

▶ by A「A によって」は〈伝達・交通手段〉を表す。
▶ この表現の A には a / the / 所有格などの付かない，無冠詞の単数名詞が来ることに注意。
重要表現 □ **take in the sights**「観光をする／名所を見物する」
・cf. □ see the sights「観光をする」

<u>131</u>
▢▢▢
A : Those students are really making a lot of noise.

B : Yeah. It's impossible to think (   ) the room so noisy.

> A : あの生徒たちは，本当にうるさいわ。
> B : 本当だね。こんなにうるさい部屋では何も考えられないよ。

<u>132</u>
▢▢▢
A : Has Sophia found a new job yet?

B : No. (   ) applying for dozens of jobs, she is still out of work. This is making her feel depressed and frustrated.

> A : ソフィアはもう新しい仕事を見つけましたか。
> B : いいえ。何十もの仕事に応募したにもかかわらず，まだ無職です。そのせいで，彼女は落ち込んでイライラしています。

<u>133</u>
▢▢▢
A : How did you learn to type so fast?

B : I'm nothing special. Quite a few people can type (   ) fast (   ) me. With a little practice, you can do it too.

> A : どうやって，そんなに速くタイピングできるようになりましたか。
> B : 私が特別なわけではありません。私と同じくらい速くタイプできる人は結構いますよ。少し練習すれば，あなたにもできますよ。

<u>134</u>
▢▢▢
A : Which sweatshirt suits me, the white one or the navy one?

B : You look (   ) good in white (   ) in navy. If I had to choose, I would choose the white one because it goes best with your pants.

> A : どちらのトレーナーが私に似合うかな。白いのかな，紺色のかな？
> B : 紺も白も同じくらい似合うわ。強いて選ぶとすれば白い方ね。あなたのズボンにもよく合うから。

<u>135</u>
▢▢▢
A : Have you read that new spy novel? It's really selling well.

B : I read it, but it was (   ) (   ) exciting (   ) I had expected. In fact, it was a little boring.

> A : あの新しいスパイ小説は読んだ？　とてもよく売れているんだよ。
> B : 読んだけど，期待していたほど面白くなかった。それどころか，ちょっと退屈だったよ。

---

131 with　　**132** Despite　　**133** as, as　　**134** as, as　　**135** not as [so], as

☐ 131　　　　　　　　　　　　●付帯状況の with ―〈with ＋名詞＋形容詞〉 **V348**

▶ 〈with ＋名詞＋形容詞〉で付帯状況を表す。

▶ with the room so noisy は「部屋が非常にうるさい状態で」という意味。

🎙重要表現　☐ **make a [some] noise**「音を立てる」
・*cf.* ☐ make a lot of noise「大きな音を立てる／大騒ぎする」
☐ **think**「物を考える／頭を働かせる」

☐ 132　　　　　　　　　　　　　　　●譲歩の despite **V357**

▶ despite A で「A にもかかわらず (＝ in spite of A)」という「譲歩」の意味を表す。

▶ この表現は接続詞 although [though] を用いて Although [Though] she has applied for dozens of jobs と書きかえることができる。

🎙重要表現　☐ **apply for A**「A (求人・入学・許可など) を申し込む」
・*cf.* ☐ apply to A「A (会社・大学・機関など) に申し込む」
☐ **dozens of A**「何十もの A ／多数の A」
☐ **be out of work**「失業している／失業中である」

文法解説　第 **11** 章｜比　較

☐ 133　　　　　●〈A as ＋原級＋ as B〉「A は B と同じくらい…」―副詞が基準 **V374**

▶ 「かなりの数の人が速くタイプできる (A)」ことと「私が速くタイプできる (B)」ことを比較している。副詞 fast が比較の基準。

🎙重要表現　☐ **be nothing**「大したことない人 [もの・事] である」
・この nothing は代名詞。
⇒ A minor headache is nothing to worry about.「軽い頭痛は心配するほどのことではありません」
☐ **quite a few** ＋可算名詞「かなりの数の…／相当多くの…」

☐ 134　　　　　●〈A as ＋原級＋ as B〉「A は B と同じくらい…」―形容詞が基準 **V375**

▶ 「白いトレーナーを着るとよく見える (A)」ことと「紺色のトレーナーを着るとよく見える (B)」ことを比較している。形容詞 good が比較の基準。

🎙重要表現　☐ **suit A**「(服装・色などが) A (人) に似合う」
☐ **S look good in A**「S (人) は A (衣服) が似合う」
☐ **go with A**「(ものが) A (もの) に調和する」
・この表現では主語と目的語の両方に「もの」が来ることに注意。
⇒ Which shoes go best with this dress?「このドレスにはどの靴が合いますか」

☐ 135　　　　　●〈A not as [so] ＋原級＋ as B〉「A は B ほど…ない」 **V376**

▶ 新しいスパイ小説に対する,「実際の面白さ (A)」と「私が期待していた面白さ (B)」とを比較している。形容詞 exciting が比較の基準。

🎙重要表現　☐ **sell well**「(商品が) よく売れる／売れ行きが良い」
☐ **in fact**「(前言を否定・訂正して) それどころか／ところが実際は／むしろ」
☐ **boring**「(人にとって) 退屈な／つまらない」
・*cf.* ☐ bored「(人が) 退屈した／うんざりした」

136　A : How high is Tokyo Skytree?

　　　B : It's 634 meters high.　It's about (　　　　　) (　　　　　) high (　　　　　) Tokyo Tower.　And the view from the top is really spectacular.

> A：東京スカイツリーの高さはどのくらい？
> B：634 メートルよ。東京タワーの倍くらいあるの。だから，一番上からの眺めは本当に壮観よ。

137　A : What is the population of India?

　　　B : It's more than 1.3 billion.　That means it's more than (　　　　　) (　　　　　) as large as that of Japan.

> A：インドの人口はどのくらい？
> B：13 億人以上いるよ。つまり日本の 10 倍以上ってことだね。

138　A : Are you particular about the food you eat every day?

　　　B : No, not really, but I do try to have (　　　　　) many balanced meals (　　　　　) (　　　　　).　Some people have very unhealthy diets.

> A：あなたは，毎日口にする食べ物についてこだわりがありますか？
> B：いえ，そうでもありませんが，なるべくバランスの取れた食事を多く取るようにはしています。ひどく不健康な食生活の人もいますね。

139　A : When is our next club meeting?

　　　B : I'll check the date and let you know as soon (　　　　　) (　　　　　) (　　　　　).　There's a good chance it will be postponed a week or two.

> A：次回のクラブの会合はいつですか。
> B：日程を確認して，できるだけ早く連絡します。1, 2 週延期になる可能性も十分あります。

140　A : Shota's spoken English has really improved, hasn't it?

　　　B : Yes, he is (　　　　　) better at speaking English than he used to be. I heard that he's going to an English conversation school.

> A：ショウタは英語を話すのが本当に上達したと思わない？
> B：そうだね，彼は以前よりはるかに英語を話すのが上手になった。彼は英会話学校に通っていると聞いたよ。

---

136 twice as, as　　　**137** ten times　　　**138** as, as possible　　　**139** as I can　　　**140** much

☐ 136　　　　　　　　●倍数表現「2倍」—〈A twice as ＋原級＋ as B〉「A は B の 2 倍…」 **V378**

▶ 「〜の 2 倍」は twice を〈as ＋原級＋ as〉の前に置いて表す。

重要表現　☐ **view**「(ある場所から見える美しい) 眺め／見晴らし／景色」
・☐ night view「夜景」, ☐ panoramic view「全景／一望」

☐ 137　　　　　　●倍数表現「〜倍」—〈A ten times as ＋原級＋ as B〉「A は B の 10 倍…」 **V379**

▶ 3 倍以上の「〜倍」は〜 times で表す。「〜」には three, four, five などの数詞が入る。
▶ 比較対象の that of Japan は the population of Japan ということ。

重要表現　☐ **What is the population of A?**「A の人口はどのくらいですか」
〈注意〉how many ではなく what を用いることに注意。
☐ **That means ...**「つまり…」
・前文の内容を受けて言いかえるときに用いる表現。

☐ 138　　●〈as ＋原級＋ as possible〉「できるだけ…／可能な限り…」(＝〈as ＋原級＋ as S can〉) **V384**

▶ この表現は，I do try to have as many balanced meals as I can のように書きかえることもできる。

重要表現　☐ **be particular about A [doing]**「A [\…すること] にやかましい／好みがうるさい」
☐ **have a balanced meal [diet]**「バランスの取れた食事をする」

☐ 139　　●〈as ＋原級＋ as S can〉「できるだけ…／可能な限り…」(＝〈as ＋原級＋ as possible〉) **V385**

▶ この表現は，let you know as soon as possible のように書きかえることもできる。

重要表現　☐ **I'll let you know.**「お知らせします」
☐ **There is a good chance (that) ...**「…という可能性は十分ある」

☐ 140　　　　　　　　　　　　　　　　　　　●比較級を強調する much **V394**

▶ 「ずっと…」,「はるかに…」のように比較級の差を強調する場合は，much, far, a lot などの副詞 (句) を比較級の直前に置く。

重要表現　☐ **be good at doing**「…するのが上手だ」
・比較級は be better at doing となる。

141　A : I like this computer, but it must be very expensive.

　　　B : It's not as expensive as it looks.　If anything, it's (　　　　　　)
　　　　　expensive (　　　　　　) those other computers.　It's an excellent
　　　　　computer.

> A：私はこのパソコンが気に入ったけど，とても高いんでしょうね。
> B：これは見かけほど高くないよ。むしろ，他のパソコンに比べたら安いよ。これは
> 　とても優れたパソコンなんだ。

142　A : Why did you walk out in the middle of the movie?

　　　B : Because it was so boring.　(　　　　　　) (　　　　　　) I watched it,
　　　　　(　　　　　　) (　　　　　　) I got.

> A：どうして上映中に席を立ったの？
> B：だって，ひどく退屈だったんだ。長く見れば見るほど，眠くなってきたよ。

143　A : You're always reading.　You really like books, don't you?

　　　B : Yes.　(　　　　　　) (　　　　　　) books I read, (　　　　　　)
　　　　　(　　　　　　) chances I have to broaden my horizons.

> A：あなたはいつも本を読んでいるね。本当に読書が好きなのね。
> B：そうだね。本をたくさん読めば読むほど，自分の視野を広げる機会も増えるんだ。

144　A : How many times a year do you go abroad?

　　　B : I go abroad (　　　　　　) (　　　　　　) ten times a year.　I love to
　　　　　see and experience different cultures.

> A：1年に何回海外に行きますか。
> B：1年に10回以上海外に行きます。異文化を見て体験するのが大好きです。

145　A : How long does it take to go from here to Kyoto by bus?

　　　B : It takes (　　　　　　) (　　　　　　) two hours.　The bus trip is
　　　　　pleasant and the scenery along the way is quite nice.

> A：ここから京都までバスで行くには，どのくらい時間がかかりますか。
> B：2時間もかかりません。バスの旅は快適で，道中の風景も素晴らしいですよ。

---

141 less, than　　　**142** The longer, the sleepier　　　**143** The more, the more
144 more than　　　**145** less than

☒ 141　　　　　　　　　　●〈A less ＋原級＋ than B〉「A は B ほど…ない」　Ⅴ395

▶ 〈A less ＋原級＋ than B〉は「A は B ほど…ない」（A ＜ B）という意味。〈A not as [so] ＋原級＋ as B〉とほぼ同じ意味と考えてよい。

▶ 本問の it's <u>less</u> expensive <u>than</u> those other computers は it's <u>not as [so]</u> expensive <u>as</u> those other computers と書きかえることができる。

🔑重要表現　□ if anything「どちらかと言えば／それどころか／むしろ」

☐ 142　　　　　　　　●〈The ＋比較級 ..., the ＋比較級〜.〉「…すればするほど，ますます〜」　Ⅴ399

▶ 〈The ＋比較級 ..., the ＋比較級〜.〉で「…すればするほど，ますます〜」という意味を表す。

▶ I watched it long. と I got sleepy. という 2 つの文を前提にして，副詞 long と形容詞 sleepy を〈the ＋比較級〉にして文頭に移動したと考えればよい。

🔑重要表現　□ in the middle of A「A の最中で」
　　　　　　・□ in the middle of the night「真夜中に」
　　　　　□ get sleepy「眠くなる」（＝ become sleepy）
　　　　　・cf. □ be sleepy「眠い」（＝ feel sleepy）

☐ 143　　　　　　　●〈The ＋比較級 ..., the ＋比較級〜.〉「…すればするほど，ますます〜」　Ⅴ400

▶ 〈The ＋比較級 ..., the ＋比較級〜.〉で「…すればするほど，ますます〜」という意味を表す。

▶ I read many books. と I have many chances to broaden my horizons. という 2 つの文を前提にして，many books と many chances を〈the ＋比較級〉にして文頭に移動したと考えればよい。

▶ many books のように，形容詞が名詞を修飾する場合は〈形容詞＋名詞〉をセットで文頭に移動する。× The more I read books としないように注意しよう。

🔑重要表現　□ a chance to do「…する機会」（＝ an opportunity to do）
　　　　　　・cf. □ a chance of doing「…する可能性」
　　　　　□ broaden one's horizons「視野を広げる」

☒ 144　　　　　　　　　●more than A（数量）「A 以上／A より多い」　Ⅴ403

▶ 「10 回以上」は more than ten times とする。

🔑重要表現　□ How many times ...?「何回…?」
　　　　　□ go abroad「海外へ行く」
　　　　　・abroad は「外国に［へ，で］」という意味を表す副詞。
　　　　　・□ study abroad「留学する」，□ work abroad「外国で働く」，□ live abroad「海外で暮らす」

☒ 145　　　　　　　　　●less than A（数量）「A 未満／A より少ない」　Ⅴ404

▶ 「2 時間かからない」→「2 時間未満かかる」と考えて，takes less than two hours とする。

🔑重要表現　□ How long does it take to do ...?「…するのにどれくらいの時間がかかりますか」
　　　　　□ It takes ＋時間（＋ to do ...）「（…するのに）〜の時間がかかる」

146　A : Is the Caspian Sea a sea or a lake?

　　　B : It was once (　　　　　) (　　　　　　) lake (　　　　　) the world.　Since 2018, however, it has been regarded as a sea under an international agreement.

> A：カスピ海は，海ですか，それとも湖ですか。
> B：かつて世界最大の湖だったこともあります。しかし，2018 年から国際協定で海と
> してみなされています。

147　A : Are you content with your present life?

　　　B : Well, (　　　　　) (　　　　　　) a few things I would like to change, but in general I'm satisfied with my present life.

> A：あなたは，自分の今の人生に満足していますか。
> B：そうですね，いくつか変えたいことはありますが，概して今の自分の生活に満足
> しています。

148　A : How does a computer do all those difficult tasks?

　　　B : I've thought about that, too.　It remains a mystery to me (　　　　　) computers work.

> A：コンピュータはそうしたすべての難しい作業をどうやってこなすのですか。
> B：私もそれは考えたことがあります。コンピュータがどう動くのか，私には謎のま
> までです。

149　A : That mountain bike you want is very expensive.

　　　B : I don't care (　　　　　) (　　　　　　) it costs.　I'm going to buy it somehow or other.

> A：あなたが欲しいマウンテンバイクはとても高いね。
> B：いくらかかっても構わない。何とかして買うんだ。

150　A : Have you made up your mind where you're going on vacation?

　　　B : We've decided to go to Australia, but haven't decided (　　　　　) (　　　　　) we'll stay there.

> A：休暇にどこへ行くか決めた？
> B：オーストラリアに行くことにしたけど，どのくらい滞在するかは決めてないんだ。

---

146 the largest, in　　　**147** there are　　　**148** how　　　**149** how much　　　**150** how long

☐ **146** ●〈S is the ＋最上級（＋名詞）(of A / in A)〉 **V417**

▶ 「S は最も…である」は〈S is the ＋最上級（＋名詞）〉の形で表す。
▶ 比較の対象となる範囲「A の中で」を明示する場合,
　・A が「同類の要素やメンバー」を表し, 原則として複数名詞の場合は〈of A〉。
　・A が「場所」や「集団」などの名称を表し, 原則として単数名詞の場合は〈in A〉。
🔑重要表現 ☐ **regard A as B**「A を B とみなす」
　・ここでは受動態 A is regarded as B「A は B とみなされている」の形で用いられている。

文法解説 第12章｜主語と述語動詞の一致

☐ **147** ●〈There ＋ be 動詞＋ A〉— be 動詞は A に一致 **V439**

▶ 〈There ＋ be 動詞＋ A〉「A が存在する／ある／いる」の表現は A が主語。よって be 動詞は A（名詞）に一致させる。
▶ 本問では, 複数形の主語 a few things に一致させて are とする。
🔑重要表現 ☐ **be content with A**「A に満足している」（≒ be satisfied with A）
　　　　 ☐ **in general**「概して／全体的に」

文法解説 第13章｜疑問文

☐ **148** 文の要素がそろっているか ●疑問代名詞と疑問副詞 **V448**

▶ 疑問代名詞は, 名詞や代名詞で表現される部分を尋ねることになるので, 文中で主語, 目的語, 補語, 前置詞の目的語のいずれかとして働く。
▶ 疑問副詞は, 時, 場所, 理由, 方法など副詞（句）で表現される部分（文の修飾要素）を尋ねることになるので, 主語, 目的語, 補語, 前置詞の目的語（文に欠かせない要素）として働くことはない。
▶ 空所のあとが computers (S) work (V) の形になっており, 文の要素がそろっていることに注目して, 「コンピュータがどう動くのか」という文意に合う疑問副詞 how を入れる。
🔑重要表現 ☐ **S is a mystery to A**「S は A には謎である」
　　　　 → **S remains a mystery to A**「S は A には謎のままだ」
　・本問の It remains a mystery to me how computers work. の it は形式主語, how 以下の疑問詞節が真主語。

☐ **149** 「金額」は数か量か？ ●**How much（＋名詞）...?** —「量や金額」を尋ねる表現 **V449**

▶ 「量や金額」を尋ねるときは, How much ...? と表現する。
▶ 「数」を尋ねるときは, How many ...? と表現する。
▶ 本問はマウンテンバイクの値段について述べているので, 金額を尋ねる How much ...? の形を用いて表現する。
🔑重要表現 ☐ **somehow or other**「（よくわからないが）どうにかして／なんとかして」

☐ **150** ●**How long ...?** —「時間の長さ・物の長さ」を尋ねる表現 **V452**

▶ 「時間の長さ・物の長さ」を尋ねるときは, How long ...? と表現する。
▶ 本問はオーストラリアに滞在する期間について述べている。
🔑重要表現 ☐ **make up one's mind**「決心する」（= decide）

<u>151</u>　A : Several of our classmates are studying English in America this
　　　　summer. Have you heard from any of them?
　　B : No, I haven't. I wonder (　　　　　　) (　　　　　　) getting on.

> A：私たちの同級生数人が，この夏アメリカで英語を勉強しているよね。誰かから連
> 　絡あった？
> B：ないわよ。どうしているのかしら？

<u>152</u>　A : What time shall I pick you up to go to the soccer match?
　　B : I would appreciate it if you could (　　　　　　) (　　　　　　)
　　　　(　　　　　　) at around 11:00 am.

> A：サッカーの試合に行くのに何時に迎えに行ったらいいですか。
> B：午前11時頃に迎えに来ていただけるとうれしいです。

---

151 how they're　　　**152** pick me up

☐ **151**　何について尋ねているのか　　●〈I wonder ＋疑問詞 ...〉「…のだろうか」の間接疑問　**V454**

▶ 疑問文の形を文の中に組み込んで, 間接的に疑問の意味を表す表現を「間接疑問」と呼ぶ。

▶ 疑問詞に導かれる節は名詞節で, 節の中の語順は平叙文と同じになる。疑問文と間接疑問の語順の違いに注意しよう。

▶ 本問は〈I wonder ＋疑問詞 ...〉「…のだろうか」の間接疑問。

▶ 「どうしているか」という文意に合う疑問詞 how を選び, 疑問詞のあとに平叙文の語順(they are getting on)を続ける。

▶ *cf.* How are they getting on?「彼らはどうしていますか」(疑問文)

☐ 重要表現　☐ **hear from A**「A (人) から (電話や手紙で) 便りがある／連絡がある」
　　　　　　☐ **get on**「なんとかやっていく／暮らす／うまくいく」

┌───┐
〈確認〉疑問文と間接疑問の語順の違い

148　It remains a mystery to me how computers work.「コンピュータがどう動くのか, 私には謎のままです」
　　■ how computers work は名詞節。ここでは真主語の働きをしている。
　　■ *cf.* How do computers work?「コンピュータはどう動きますか」(疑問文)

149　I don't care how much it costs.「それがいくらかかるか私は気にしない」
　　■ how much it costs は名詞節。ここでは他動詞 care の目的語にあたる。
　　■ *cf.* How much does it cost?「それはいくらかかりますか」(疑問文)

150　We haven't decided how long we'll stay there.「そこにどのくらい滞在するかは決めていない」
　　■ how long we'll stay there は名詞節。ここでは他動詞 decide の目的語にあたる。
　　■ *cf.* How long will we stay there?「そこにどのくらい滞在しましょうか」(疑問文)
└───┘

文法解説　第**15**章｜語順(倒置)・省略・強調

☐ **152**　他動詞の目的語に注目　　　　　　　　　　●〈他動詞＋代名詞＋副詞〉　**V507**

▶ 〈他動詞＋副詞〉のイディオムでは, 他動詞の目的語が名詞の場合は〈他動詞＋副詞＋名詞〉と〈他動詞＋名詞＋副詞〉のどちらの語順も可。

▶ 他動詞の目的語が代名詞の場合は〈他動詞＋代名詞＋副詞〉の語順のみ可。

▶ 「A (人) を車に乗せる／迎えに行く [来る]」は pick up A と pick A up の 2 つの語順を取ることができるが, 本問は A が代名詞 me なので, pick me up とする。

☐ 重要表現　☐ **pick A up / pick up A**「A (人) を車に乗せる／迎えに行く [来る]」
　　　　　　☐ **I would appreciate it if you could [would] do ...**「…していただけると幸いです」
　　　　　　　・相手に依頼する非常に丁寧な表現。

Step 2
Dictation

Step 1 で文法ポイントを確認した 152 個の例文を使って，ディクテーション（＝書き取り）の
練習をします。

具体的には次の手順で学習しましょう。

---

1) 英語の音声を聞いて，空所に入る単語を書き取る。
2) ページの一番下を見て採点する。スペルミスまできちんとチェックする。
3) 間違った箇所は Step 1 に戻って復習する。

ここでは「文法ポイント」を含んだ単語と表現を集中的に扱いますから，必ずしも英文全体が
書き取れる必要はありません。その練習は Step 4 でやります。同じ単語を見た時の印象と音
として聞いたときの印象は，ずいぶん異なります。この「目と耳のギャップ」を意識して作業
に取り組んでください。

耳で聞いた段階ではよく聞き取れなかった箇所も，文法知識をフル活用して正しい英語を書
き取ることが大切です。例えば，耳で聞いたときは play と聞こえたが，空所を含む英文が過
去のことなので，過去形の played と書くことが「文法的に正しい判断」ということなります。
あるいは，耳で聞いたときは book と聞こえたが，空所の前後から複数であることが明白なの
で，books と書くことが「文法的に正しい判断」ということなります。聞き取れなかった部分も，
文法知識でカバーして理解するというのは，現実世界のコミュニケーションでも頻繁に行われ
ています。

一度に大量のディクテーション練習をしても効果は上がりません。「少しずつでもいいから，適
切な分量を，毎日続けてやる」ことの大切さを忘れずに。

＊音声の聞き方 ────────

・音声は，無料アプリ「いいずなボイス」で聞くことができます。無料アプリ「いいずなボイス」
　の使い方は，本書の p. 2 を参照してください。
・「いいずなボイス」で，最初に p. 2 の書籍認識用 QR コードを読み取ってから，各ページの
　QR コードを読み取ってください。
・QR コードでは，一つの例文の音声が流れます。次の例文の音声を聞く場合は，▶|（次へ）
　ボタンを押してください。

Step 2　Dictation

英語の音声をよく聞いて，空所にあてはまる語を書き取ろう。

001
A : Do you usually walk to school?

B : No, I don't. I (　　　　　) (　　　　　　　) by bus.

002
A : Do you think it's good to make friends through social media?

B : No. A (　　　　　) (　　　　　) (　　　　　) (　　　　　　) a terrible man through social media last year. He cheated my friend out of some money.

003
A : When will AI overtake human beings in intelligence?

B : Some people say that it (　　　　　) (　　　　　) (　　　　　) in 2045.

004
A : Do you know where Ben is? I have something to talk to him about.

B : Yes, I know where he is. (　　　　　) (　　　　　　) in the library now.

005
A : Why didn't you answer the phone last night? I called you several times.

B : Sorry. I (　　　　　) (　　　　　) (　　　　　) a bath when you called.

＊　　　＊　　　＊

006
A : Are you doing anything this weekend?

B : Yes, (　　　　　) (　　　　　) (　　　　　　) in Kyoto. I can't wait.

---

001 always go　　002 friend of mine met　　003 will probably happen
004 He's studying　　005 was probably taking　　006 I'm going sightseeing

007
☐☐☐
A : Are you planning to move out of Yokohama?

B : No. (　　　　) (　　　　) (　　　　　) for more than ten years, and I think there's no better place to live than Yokohama.

008
☐☐☐
A : What was the movie you saw yesterday like?

B : Actually, I didn't see it.　When I got to the theater, the tickets (　　　) (　　　　) (　　　　) (　　　　).

009
☐☐☐
A : Do you know when Mami will move into her new apartment?

B : I don't know for sure, but by the end of next year at the latest (　　　) (　　　　) (　　　　　) out of her old place.

010
☐☐☐
A : Have you ever seen a real dolphin?

B : Yes, I have. (　　　　) (　　　　) (　　　　) (　　　　) at the aquarium.　You should go to see them.　The show is great!

*　　　*　　　*

011
☐☐☐
A : The children are complaining that they can't play outside because of the rain.

B : The weather is certainly unusual. (　　　　) (　　　　) (　　　　) for a week.

012
☐☐☐
A : Since when have you known Sayaka?

B : (　　　　) (　　　　) (　　　　　) since we were in kindergarten.　We really hit it off.　She's now my best friend.

---

007 I've lived here　　008 had already sold out　　009 she'll have moved
010 I saw some yesterday　　011 It's been raining　　012 I've known her

75

013 A : I want to go shopping with you today, but it's raining hard now.

B : The weather forecast says it'll clear up this afternoon, so let's wait ( ) ( ) ( ) ( ) and then go.

014 A : I'm meeting Tom tomorrow for the first time in a long time. Do you have a message for him?

B : Yes, I do. I've written him a short letter. Give it to him ( ) ( ) ( ) ( ).

015 A : How about going hiking this weekend?

B : I'd like to, but I'm feeling a little down now. ( ) ( ) ( ) ( ), I'll go.

* * *

016 A : You don't look so well.

B : To tell the truth, ( ) ( ) ( ) ( ) an operation next month.

017 A : I've seen this picture on TV or on the Internet. What's the name of it?

B : It's called *Sunflowers*. It ( ) ( ) ( ) Van Gogh. It's one of his works that made him famous.

018 A : Do you remember her full name?

B : I think ( ) ( ) ( ) Janet, but I can't remember her last name.

---

013 until the rain stops   014 when you see him   015 If I get better
016 I'm going to have   017 was painted by   018 she was called

019　A: I'm majoring in Japanese history.

　　　B: Okay.　Here's a question.　(　　　　　) (　　　　　) Buddhism first (　　　　　) into Japan?

　　　A: It is not exactly clear.　Some say in 552, and others say in 538.

020　A: Do you know when that new book will be published?　It should be an interesting book.

　　　B: It is said that it (　　　　　) (　　　　　) (　　　　　) (　　　　　) at all because of some copyright problem.

＊　　　＊　　　＊

021　A: The meeting is going to be held tomorrow, right?

　　　B: No.　The (　　　　　) (　　　　　) (　　　　　) (　　　　　) to Friday.

022　A: There's a lot of noise outside.　Is something being built near here?

　　　B: Yes, a new (　　　　　) (　　　　　) (　　　　　) (　　　　　) on the corner.　The noise is driving me crazy.

023　A: This secondhand jacket cost me 20,000 yen.

　　　B: Are you kidding?　Such a dirty jacket (　　　　　) (　　　　　) (　　　　　) (　　　　　).

024　A: A festival is being held at Odaiba.　Why don't we go there on Sunday?

　　　B: I'd like to, but I can't.　(　　　　　) (　　　　　) (　　　　　) for next week's exams.

---

019 When was, introduced　　　020 may not be published　　　021 day has been changed
022 hotel is being built　　　023 can't be that expensive　　　024 I must study

025 A : I think I'm going to fail the exam.

B : (   ) (   ) (   ) (   ) that way. You should be more positive.

     *   *   *

026 A : Can you guess my age?

B : You look like you are in your early twenties, but (   )
(   ) (   ) over thirty because you seem to know a lot about many things.

027 A : Why didn't you go to the party yesterday?

B : Both my mother and my sister caught colds, and (   )
(   ) (   ) (   ) take care of them.

028 A : How do I get from this station to that station? Is it complicated?

B : It's easy. You can't get lost because you (   ) (   )
(   ) (   ) trains.

029 A : Even if I'm tired, I can't sleep at night.

B : (   ) (   ) (   ) to bed earlier.

030 A : I have a headache and my stomach hurts.

B : I think you (   ) (   ) (   ) a doctor.

     *   *   *

031 A : I have a deadline, so I've been working hard on this project.

B : You look pretty worn out. (   ) (   ) (   )
a rest.

---

025 You must not think   026 you must be   027 I had to help
028 don't have to change   029 You should go   030 ought to see
031 You'd better take

032　A : Do you remember Tanaka Jiro?

　　B : Of course I do! (　　　　) (　　　　) (　　　　)
　　　　(　　　　) part in volunteer activities together when we were in
　　　　high school.

033　A : Where did you lose your smartphone?

　　B : I don't know, but I (　　　　) (　　　　) (　　　　)
　　　　(　　　　) on the bus.　I'll call the bus company and check with
　　　　them.

034　A : Lisa is half an hour late.　She is always on time for appointments.

　　B : Something (　　　　) (　　　　) (　　　　) (　　　　).

035　A : I wonder if James really cheated the other students.

　　B : (　　　　) (　　　　) (　　　　) (　　　　) such a
　　　　thing.　He's not that kind of person.

　　　　　　　　＊　　　＊　　　＊

036　A : How was your trip to France?

　　B : Okay, but I (　　　　) (　　　　) (　　　　)
　　　　(　　　　) more seriously in school.　I couldn't communicate
　　　　very well with the people there.

037　A : I don't feel so well.　I have a bad stomach.

　　B : (　　　　) (　　　　) (　　　　) (　　　　) so much.
　　　　Overeating is bad for your health.

---

032 We used to take　　033 may have left it　　034 must have delayed her
035 He can't have done　　036 should have studied French
037 You shouldn't have eaten

038　A : Are you going to buy a new computer?

　　　B : No, I'm not.　I can't afford to because I don't have much savings.
　　　　　I would buy it (　　　　　) (　　　　　　) (　　　　　) a little
　　　　　cheaper.

039　A : There are a lot of poor people in this area, aren't there?

　　　B : Yes, there are.　If I had a lot of money, I (　　　　　) (　　　　　)
　　　　　(　　　　　), but unfortunately I'm not rich.

040　A : Mary wanted to borrow some books from me, but she hasn't
　　　　　returned the books she borrowed last month.

　　　B : If (　　　　　) (　　　　　) you, I (　　　　　) (　　　　　)
　　　　　her any more books.

＊　　　＊　　　＊

041　A : You were narrowly defeated by Takeru in the marathon.

　　　B : I know.　(　　　　　) I (　　　　　) (　　　　　) (　　　　　)
　　　　　a short rest, I would have beat him.

042　A : The store clerk gave me the wrong change again.

　　　B : If I had been with you, (　　　　　) (　　　　　) (　　　　　)
　　　　　(　　　　　) to the manager.

043　A : Do you think you could live in a foreign country?

　　　B : No.　If I (　　　　　) (　　　　　) (　　　　　) in another
　　　　　country, I (　　　　　) probably get very lonely.

---

038 if it were　　　039 could help them　　　040 I were, wouldn't lend
041 If, had not taken　　　042 I would have complained　　　043 were to live, would

044 A : Thank you for taking the time to meet with me today. Is it all right to contact you by e-mail from now on?

B : Of course. If you (   ) (   ) any questions about this matter later, (   ) (   )me anytime.

045 A : Emma won the speech contest again. Her speech was very impressive.

B : I (   ) (   ) (   ) (   ) a speech like that. I'll have to make more of an effort next time.

*   *   *

046 A : Climbing that mountain last Saturday was very exciting. There were many beautiful views.

B : Oh, I (   ) (   ) (   ) (   ) with you. I'm really sorry I couldn't take the day off.

047 A : Why don't you like Liam? He seems like a nice guy.

B : He talks (   ) (   ) (   ) (   ) everything. And he says bad things about other people.

048 A : I heard that actor's wife died while the movie was being shot.

B : Really? He continued to work, and he acted (   ) (   ) nothing (   ) (   ).

049 A : Why don't we have another cup of coffee?

B : Sorry, (   ) (   ) (   ) (   ) going. I have a dental appointment this afternoon.

---

044 should have, please e-mail   045 wish I could make   046 wish I had gone
047 as if he knew   048 as if, had happened   049 it's time I was

050 A : Didn't Professor Smith help you?

B : Yes, he did. If (   ) (   ) (   )
(   ) him, I wouldn't have finished my thesis.

*   *   *

051 A : You can't thank Olivia enough, can you?

B : No. If it (   ) (   ) (   ) (   )
her help, I couldn't have gotten that job.

052 A : What is your dream?

B : My dream (   ) (   ) (   ) a Japanese
language teacher in America.

053 A : I'm thinking of going to Spain in August. Are you going anywhere
this summer?

B : Yes, but I haven't (   ) (   ) (   )
(   ) yet.

054 A : I've been feeling better since I developed the habit of going to bed
early.

B : I think (   ) a good idea (   ) (   )
regular hours. You should continue doing so.

055 A : I'm having trouble getting my room in order.

B : You have too many clothes and too many books. I'll bring you some
boxes (   ) (   ) (   ) (   ).

*   *   *

---

050 it were not for   051 had not been for   052 is to become
053 decided where to go   054 it's, to keep   055 to put them in

056 A : Mom, where's Emily? We've promised to make a chocolate cake together today.

B : She went to the supermarket (   ) (   ) (   ) (   ). She'll be back any minute.

057 A : Justin lived in Italy for twenty years.

B : No wonder he speaks Italian with ease. I (   ) (   ) (   ) (   )his fluent Italian.

058 A : I heard that my son often fights with other students at school.

B : You must (   ) him (   ) (   ) (   ) that again. It's important that you teach your child to follow the right path.

059 A : Mari didn't come to our club meeting yesterday. I wonder what happened.

B : I don't know. It's unusual (   ) (   ) (   ) (   ) club meetings.

060 A : Lucy hasn't updated her SNSs for some time. Do you know why she hasn't?

B : I don't know for sure, but she (   ) (   ) (   ) (   ) her smartphone and hasn't bought a new one yet.

＊   ＊   ＊

061 A : Would you like a cup of coffee?

B : Yes, thanks. Oh, it's still (   ) hot (   ) me (   ) (   )! I'll have to let it cool down a little.

---

056 to buy some chocolate   057 was surprised to hear   058 warn, not to do
059 for her to miss   060 seems to have lost   061 too, for, to drink

062 A: Why did you move from a big city to that out-of-the-way place?

B: I was attracted to country life. Besides, I had a baby last year, and our apartment in the city was not large (　　　　) (　　　　) three people (　　　　) (　　　　) in.

063 A: Is the next exam extremely important to you?

B: Yes. I'm on the verge of failing the course, and everything depends on the exam. So (　　　　) (　　　　) (　　　　) (　　　　) it, I'm going to study hard.

064 A: Do you want me to move that big vase?

B: Yes, thanks. Please handle it carefully (　　　　) (　　　　) (　　　　) (　　　　) drop and break it. It's invaluable.

065 A: Lucas is supposed to do the dishes. Where is he?

B: I don't think he's here now. I (　　　　) (　　　　) (　　　　) (　　　　).

* 　　* 　　*

066 A: Jim's always missing his train. That's why he's late for meetings.

B: He's a nice guy, but (　　　　) (　　　　) (　　　　) is one of his bad habits.

067 A: Why don't we go to karaoke tonight? It'll be the first time in a long while.

B: Sounds great! I've been (　　　　) (　　　　) (　　　　) (　　　　) to karaoke with you again.

---

062 enough for, to live 　　063 in order to pass 　　064 so as not to
065 heard him go out 　　066 keeping people waiting 　　067 looking forward to going

068 A : Is anything wrong? You look worried.

□□□

B : Yeah. I'm worried about (   ) (   ) (   )
so many days of school this year.

069 A : What is the most moving film you've ever seen?

□□□

B : It's *Titanic*. I can't watch it without (   ) (   )
(   ) (   ).

070 A : Your grandfather looks very strong for his age.

□□□

B : Well, he played rugby for many years. He is proud (   )
(   ) (   ) a well-known rugby player in his
youth.

✽   ✽   ✽

071 A : Oregon is to the north of Washington, isn't it?

□□□

B : Actually, it's the other way around. (   ) (   )
such simple geography (   ) a little embarrassing, isn't it?

072 A : Were you lonely as a child because both your parents worked and

□□□

weren't at home for much of the time?

B : Not really. Research shows that (   ) (   )
(   ) tend to become mentally independent of their parents
at an early age.

073 A : I heard something break. What happened?

□□□

B : I accidentally dropped a glass. Be careful. There're pieces of
(   ) (   ) on the floor.

---

068 my daughter missing   069 being moved to tears   070 of having been
071 Not knowing, is   072 working parents' children   073 broken glass

074   A : I really like this pineapple cake. Where did you get it?

B : (   ) (   ) (   ) in Singapore sent it to me. Pineapple cakes seem to have originated in Taiwan, but I like the ones from Singapore more than those from Taiwan.

075   A : How did you learn to speak German so well?

B : Well, I listen to German radio programs, watch German TV shows, and read (   ) (   ) (   ) (   ) in German.

          *   *   *

076   A : Who is in charge here?

B : (   ) (   ) (   ) Hamada is in charge here. But he doesn't care for formalities, so everybody calls him Hamachan.

077   A : I heard your son got out of the hospital recently. How is he?

B : He has completely recovered. We're really happy to (   ) (   ) (   ) outside with his friends again.

078   A : You don't look so well. What's the matter?

B : I (   ) (   ) (   ) (   ) by a car. It was a terrible sight.

079   A : You said your brother would meet us in the park. Where is he?

B : Over there. He's the one wearing sunglasses, (   ) (   ) the big (   ).

---

074 My cousin living   075 articles and books written   076 A man named
077 see him playing   078 saw a dog hit   079 standing near, tree

080 A : My computer isn't working. Could you take a look at it?

B : (   ) (   ) (   ) about computers, I can't really help you. Sorry.

* * *

081 A : You seem very calm when you speak in public.

B : Actually, I get nervous (   ) (   ) (   ) (   ) me.

082 A : Is Microsoft Word already installed on this new computer?

B : No. It comes (   ) no word-processing (   ) (   ). You have to buy the software separately.

083 A : I have a legal problem. Do you know anybody who knows a lot about legal matters?

B : Why don't you ask Chika to help you? She has (   ) (   ) (   ) (   ) a lawyer.

084 A : What do I need to get a discount?

B : You need (   ) (   ) (   ) (   ) you are a student. Otherwise, you can't get one.

085 A : What does success depend on?

B : It depends not on (   ) (   ) (   ) you know but on your own efforts and sincerity.

---

080 Not knowing much 081 with many people watching
082 with, software installed 083 a brother who is 084 an ID which proves
085 the people whom

086　A：I think we should extend the meeting by an hour.

　　B：I agree. This topic is (　　　　　) (　　　　　) (　　　　　)
　　　　(　　　　　　　　) we have to discuss in detail.

087　A：You read a lot of books. Could you recommend a good novel in
　　　　English?

　　B：I think the mystery (　　　　　) (　　　　　) (　　　　　) last
　　　　month is perfect for you. I'll lend you my copy.

088　A：What kind of person is our boss looking for now?

　　B：She's looking for (　　　　　) (　　　　　) (　　　　　) first
　　　　language is Chinese. If the person knows some Korean, so much the
　　　　better.

089　A：Why do people visit New Zealand?

　　B：They want to see the natural beauty there. New Zealand is
　　　　(　　　　) (　　　　　) (　　　　　) beautiful scenery
　　　　impresses anyone lucky enough to see it firsthand.

090　A：Is the party going to be held in this room?

　　B：No. It's too small and not suitable for a party. I've found
　　　　(　　　　) (　　　　　) (　　　　　) (　　　　　) we can
　　　　have the party.

---

086 an important issue which　　087 novel I read　　088 an interpreter whose
089 a country whose　　090 a good room where

091　A : In 1912, Japan participated in the Olympics for the first time.

　　　B : Is that right? That was also (　　　　) (　　　　　) (　　　　)
　　　　　Emperor Meiji passed away.

092　A : Are you going to take that new job?

　　　B : No. I like my present job. There is (　　　　　) (　　　　)
　　　　　(　　　　　) I should change jobs.

093　A : What's going to happen to that building?

　　　B : (　　　　) (　　　　　), (　　　　　) (　　　　) no
　　　　　longer used, is going to be torn down.

094　A : How many children do you have?

　　　B : Only one. I have (　　　　　) (　　　　　), (　　　　)
　　　　　(　　　　　) four years old. It's really hard raising even one child.

095　A : I've come to like studying mathematics recently.

　　　B : (　　　　) (　　　　) (　　　　　) at first sometimes turns
　　　　　out to be very interesting.

096　A : I can't understand your English. You speak too fast.

　　　B : If you can't understand (　　　　) (　　　　) (　　　　),
　　　　　I'll try to speak more slowly.

---

091 the year when　　092 no reason why　　093 That building, which is
094 a son, who is　　095 What seems uninteresting　　096 what I'm saying

097
A : What do you like to do on the weekends?

B : I really like to watch movies, (　　　　) these days (　　　)
(　　　) (　　　　) much time for movies.

098
A : I'm almost ready to go.

B : (　　　) (　　　　), (　　　　) we'll miss our train.

099
A : I have a slight fever and a headache.

B : (　　　) (　　　　) (　　　　), (　　　) you'll
feel better in the morning.

100
A : I saw a bear catching a salmon in a river on TV.　Are salmon
freshwater fish?

B : Yes, but they can live in (　　　) (　　　) (　　　)
(　　　) water.　According to a book I read, this type of fish
includes eels and *ayu*.

*　　　　*　　　　*

101
A : It was considerate of you to help me at today's meeting.　I'll phone
you later about the next meeting.

B : Contact me (　　　) (　　　) phone (　　　)
(　　　) e-mail.　Sometimes I don't notice my phone ringing.

102
A : I've put on a little weight.　I'm thinking of going on a diet.

B : If you really want to lose weight, you should (　　　)
(　　　) go on a diet (　　　) (　　　) start
exercising.

---

097 but, I don't have　　098 Hurry up, or　　099 Take this medicine, and
100 both fresh and sea　　101 not by, but by　　102 not only, but also

103　A : This refrigerator is the latest model and is very economical. Are you going to buy it?

　　　B : I want to, but the only (　　　　　) (　　　　　) (　　　　　) it is a little too big for my kitchen.

104　A : Are you ready for a major earthquake?

　　　B : Yes, I am because there's (　　　　　) (　　　　　) (　　　　　) a major earthquake will hit Japan sometime soon.

105　A : Why didn't you make it to your appointment?

　　　B : (　　　　　) (　　　　　) (　　　　　) (　　　　　) the timetable, I realized that the train had already left the station three minutes before. It was my fault. I had misunderstood the starting time.

＊　　　＊　　　＊

106　A : Where do you live now?

　　　B : In Sendai. About five years have passed (　　　　　) (　　　　　) (　　　　　) (　　　　　).

107　A : When are you returning to France?

　　　B : Next week. If possible, I'd like to see you again (　　　　　) (　　　　　) (　　　　　).

108　A : I think I'm going to be a little late for the meeting.

　　　B : Don't worry. We'll wait (　　　　　) (　　　　　) (　　　　　) to start the meeting.

---

103 problem is that　　104 a possibility that　　105 When I looked at
106 since I moved there　　107 before I leave　　108 until you come

109　A : Could you tell me your cell phone number?

　　B : Actually, I'm going to get a new cell phone (　　　　　)
　　　　(　　　　) (　　　　　) (　　　　　) meet next week. I'll tell
　　　　you the new number then.

110　A : When did you hear about that terrorist attack?

　　B : (　　　　　) (　　　　　) (　　　　　) (　　　　　) got
　　　　home, I turned on the TV and saw it on the news.

　　　　　　　　　*　　　　*　　　　*

111　A : Today's a holiday. What shall we do?

　　B : (　　　　　) (　　　　　) (　　　　　) (　　　　　), why
　　　　don't we rent a car and go for a drive?

112　A : How is your report going? Are you making good progress?

　　B : Yes, I am. I've been working on it in the library (　　　　　)
　　　　(　　　　) (　　　　　) (　　　　　) use the reference books
　　　　there.

113　A : Do you think many people will come to the meeting on Saturday?

　　B : No. Only a few people will attend it (　　　　　) (　　　　　)
　　　　(　　　　　) on a weekday.

114　A : Do you eat out a lot?

　　B : Yes. I'm too busy to cook for myself, (　　　　　) (　　　　　)
　　　　(　　　　　) by doing so I can save money.

---

109 by the time we　　110 As soon as I　　111 Since the weather's nice
112 because I need to　　113 unless it's held　　114 although I know

92

115

A : Do you like to go to the movies?

B : No. The seats in movie theaters are (   ) (   )
(   ) I can't really relax. I prefer to watch movies at home.

*   *   *

116

A : Do you recommend that I read that book?

B : Yes, I do. It's (   ) (   ) (   ) book
(   ) everyone should read it. I'm sure you'll enjoy it.

117

A : Why are you working so hard?

B : I'm saving my money (   ) (   ) (   )
(   ) go to Hawaii.

A : Hawaii? I want to go there someday, too.

118

A : Did anyone call me this morning?

B : Yes, there were several calls for you (   ) (   )
(   ) out.

119

A : When should I leave in order to get to the bus station by noon?

B : I suggest you leave (   ) (   ) just in case the
traffic is heavy.

120

A : Could you tell me what was decided at the last meeting?

B : It was decided that we would hold the school festival (   )
(   ) (   ).

---

115 so narrow that   **116** such an interesting, that   **117** so that I can
118 while you were   **119** at 10:30   **120** on September 20th

121 A : When did World War II break out?

B : It broke out (   ) (   ) (   ). The German army started the war by invading Poland.

122 A : You've gotten thinner! How did you do it?

B : I've been walking for one hour (   ) (   ) (   ) five days a week.

123 A : What are we going to have for lunch?

B : I usually eat (   ) (   ) (   ) (   ) every day. But let's have sushi for a change. There's a nice sushi bar near here.

124 A : Where do you live?

B : I live (   ) (   ). It's a big city, but prices there aren't too high. It's a comfortable place to live.

125 A : What has happened to you? You seem to be in low spirits.

B : I spilt coffee (   ) (   ) (   ) (   ). My late grandmother made it for me.

* * *

126 A : We have to go to the supermarket to get some milk. How late is it open?

B : It's open (   ) (   ), so we still have time to get there before it closes.

---

121 in September 1939   **122** in the evening   **123** at the same restaurant
124 in Nagoya   **125** on my favorite skirt   **126** until eleven

127 A : What time do we have to be at the airport?

B : We have to be there (　　　　　) (　　　　　) (　　　　　), so I think we should leave now.

128 A : I lived in France for about fifteen years.

B : Now I know why you speak French (　　　　　) (　　　　　) (　　　　　) (　　　　　). I really envy you.

129 A : What do you do in order not to catch the flu?

B : I gargle, wash my hands well (　　　　　) (　　　　　) (　　　　　) (　　　　　), and wear a mask.

130 A : How can I get to Asakusa?

B : If you want to go there as fast as possible, you should go (　　　　　) (　　　　　). If you want to take in the sights, you should go (　　　　　) (　　　　　).

* * *

131 A : Those students are really making a lot of noise.

B : Yeah. It's impossible to think (　　　　　) (　　　　　) (　　　　　) so (　　　　　).

132 A : Has Sophia found a new job yet?

B : No. (　　　　　) (　　　　　) (　　　　　) dozens of jobs, she is still out of work. This is making her feel depressed and frustrated.

---

127 by 8 am　　　128 like a native speaker　　　129 with soap and water
130 by subway, by water-bus　　　131 with the room, noisy　　　132 Despite applying for

133 A : How did you learn to type so fast?

B : I'm nothing special. Quite a few people can type (　　　　) (　　　　) (　　　　). With a little practice, you can do it too.

134 A : Which sweatshirt suits me, the white one or the navy one?

B : You look (　　　　) (　　　　) in white (　　　　) in navy. If I had to choose, I would choose the white one because it goes best with your pants.

135 A : Have you read that new spy novel? It's really selling well.

B : I read it, but it was (　　　　) (　　　　) (　　　　) (　　　　) I had expected. In fact, it was a little boring.

*　　　*　　　*

136 A : How high is Tokyo Skytree?

B : It's 634 meters high. It's about (　　　　) (　　　　) (　　　　) (　　　　) Tokyo Tower. And the view from the top is really spectacular.

137 A : What is the population of India?

B : It's more than 1.3 billion. That means it's more than (　　　　) (　　　　) (　　　　) large (　　　　) that of Japan.

138 A : Are you particular about the food you eat every day?

B : No, not really, but I do try to have (　　　　) (　　　　) balanced meals (　　　　) (　　　　). Some people have very unhealthy diets.

---

133 as fast as me　　134 as good, as　　135 not as exciting as　　136 twice as high as
137 ten times as, as　　138 as many, as possible

<u>139</u> A : When is our next club meeting?

B : I'll check the date and let you know (　　　　) soon (　　　　)
(　　　) (　　　　). There's a good chance it will be
postponed a week or two.

<u>140</u> A : Shota's spoken English has really improved, hasn't it?

B : Yes, he is (　　　　) (　　　　) at speaking English than he
used to be. I heard that he's going to an English conversation school.

*　　　*　　　*

<u>141</u> A : I like this computer, but it must be very expensive.

B : It's not as expensive as it looks. If anything, it's (　　)
(　　) (　　) those other computers. It's an
excellent computer.

<u>142</u> A : Why did you walk out in the middle of the movie?

B : Because it was so boring. (　　　) (　　　) I watched it,
(　　　) (　　　) I got.

<u>143</u> A : You're always reading. You really like books, don't you?

B : Yes. (　　　) (　　　) books I read, (　　　)
(　　　) chances I have to broaden my horizons.

<u>144</u> A : How many times a year do you go abroad?

B : I go abroad (　　) (　　) (　　) (　　)
a year. I love to see and experience different cultures.

---

139 as, as I can　　140 much better　　141 less expensive than
142 The longer, the sleepier　　143 The more, the more　　144 more than ten times

145 A : How long does it take to go from here to Kyoto by bus?

B : It takes (   ) (   ) (   ) (   ).
The bus trip is pleasant and the scenery along the way is quite nice.

*   *   *

146 A : Is the Caspian Sea a sea or a lake?

B : It was once (   ) (   ) (   ) (   )
the world. Since 2018, however, it has been regarded as a sea under
an international agreement.

147 A : Are you content with your present life?

B : Well, (   ) (   ) a few (   ) I would like
to change, but in general I'm satisfied with my present life.

148 A : How does a computer do all those difficult tasks?

B : I've thought about that, too. It remains a mystery to me (   )
(   ) (   ).

149 A : That mountain bike you want is very expensive.

B : I don't care (   ) (   ) (   ) (   ).
I'm going to buy it somehow or other.

150 A : Have you made up your mind where you're going on vacation?

B : We've decided to go to Australia, but haven't decided (   )
(   ) (   ) (   ) there.

---

145 less than two hours   **146** the largest lake in   **147** there are, things
148 how computers work   **149** how much it costs   **150** how long we'll stay

*   *   *

151 A : Several of our classmates are studying English in America this summer. Have you heard from any of them?

B : No, I haven't. I wonder (   ) (   ) (   ) (   ).

152 A : What time shall I pick you up to go to the soccer match?

B : I would appreciate it if you (   ) (   ) (   ) (   ) at around 11:00 am.

151 how they're getting on   **152** could pick me up

Step 3
Listening & Oral Reading

☞ 別冊の例文集の例文 A を使用します

Step 1 で文法ポイントを確認して，Step 2 で見た目と音のギャップを実感した 152 個の例文を使って，リスニングと音読の練習をします。

具体的には次の手順で学習しましょう。

> **1) 繰り返しモデル音声を聞いて，まねて発音する**
>
> 最初は，例文は見ないで，耳で聞いて英語の音を聞き取り，聞き取った音を繰り返し発音する練習をしましょう。例文を見ないで聞くことに集中することが大切です。この段階で間違った発音を身に付けないように音に集中してください。英単語を目で見たときの印象と，その英単語を耳で聞いたときの印象はずいぶん異なります。その印象の違いから生じる違和感がなくなるまで，反復練習をしてください。
>
> さらに，聞き取った音を「完コピ」できるまで，音読のトレーニングを重ねましょう。そのときに英文の強勢，ポーズ，イントネーション，リズムなども意識して，さらには自分が対話の当事者になったつもりで感情を込めて音読をするように心がけてください。慣れてきたら，英文は見ないでモデル音源を聞きながら後追いですぐに音読をするという練習（＝シャドーイング）も効果的です。
>
> 状況や聞き手のことを考えないで，ただ機械的に無表情な音読をすることは意味がありませんので，くれぐれもやめるようにしてください。
>
> **2) 英文を見ながら音読して，「目と耳のギャップ」を埋めていく**
>
> ・英文を見ながら，同時にモデル音声も聞く。その時に心の中で「音読（＝黙読）」してみる
> ・音源を止めて，英文を声に出して音読する
> ・英文を見ながら音読して，その発音が正しいかどうかをモデル音声で確認する
> などの方法で，音読してみてください。「目と耳のギャップ」がだんだんと埋まっていくのが実感できると思います。

1 回ですべてをマスターすることは不可能です。目安としては最低でも 3 回から 5 回は反復練習をしないと脳内に定着しません。回数を重ねるごとに，音読のスピードアップも意識してみてください。

Step 4
Writing

Step 1 で文法ポイントを確認し，Step 2 でディクテーションをして，Step 3 で正確に音読ができるようになった 152 個の例文を使って，ライティングの練習をします。

具体的には次の手順で学習しましょう。

---

1) **日本語の音声を聞いて，下線部に入る英語を口に出してみる。**
   日本語の意味を考えながら英文を発話してください。覚えた英文をオウム返しのように発話することはしないようにします。その対話の当事者のつもりで，「今自分が相手に話している・語っている」という感覚が大切です。

2) **次にその英語を下線部に書いてみる。**
   日本語の意味を考えながら英文を書いてみましょう。ディクテーションとは異なり「1つの意味のまとまりを持った英文」を書きますから，まさに Writing の練習となります。

下線部になっているのは B の台詞です。聞こえてくる日本語はもちろんのこと，A の台詞の英文をヒントにして，さらには文法知識もフル活用して正しい英語を書くことが大切です。

例えば，「大好きです」という日本語が聞こえたとします。これだけでは「何が好きなのか?」という目的語がわかりません。もし A の台詞に Do you like <u>dogs</u>? とあれば，I like **them** very much. と目的語の them を補って書くことが「文法的に正しい判断」ということとなります。例えば，「コンサートに行く」という日本語が聞こえたとします。これだけでは「いつ行くのか?」という時制がわかりません。もし A の台詞に What will you do **next week**? とあれば，未来の予定を表せばよいことになるので，**I'm going** to a concert. と書くことが「文法的に正しい判断」ということとなります。

Writing の作業はかなり時間を取るので，あまり無理な計画を立てすぎないように気をつけましょう。ここでも常に念頭に置いてほしいのは「少しずつでもいいから，適切な分量を，毎日続けてやる」ことです。

Step 4　Writing

Vintage 3rd Edition

日本語の音声を聞いて，意味を考えながら英語にしてみよう。
一度声に出してから書くようにしよう。

001　A : Do you usually walk to school?

　　　B : No, I don't. _____

002　A : Do you think it's good to make friends through social media?

　　　B : No. _____

　　　_____ He cheated my friend out of some money.

003　A : When will AI overtake human beings in intelligence?

　　　B : _____

004　A : Do you know where Ben is?　I have something to talk to him about.

　　　B : Yes, I know where he is. _____

005　A : Why didn't you answer the phone last night?　I called you several
　　　　times.

　　　B : Sorry. _____

　　　　　　　*　　　　*　　　　*

006　A : Are you doing anything this weekend?

　　　B : Yes, _____
　　　　I can't wait.

---

001 I always go by bus.　002 A friend of mine met a terrible man through social media last year.
003 Some people say that it will probably happen in 2045.
004 He's studying in the library now.　005 I was probably taking a bath when you called.
006 I'm going sightseeing in Kyoto.

<u>007</u>
☐☐☐

A : Are you planning to move out of Yokohama?

B : No. _____,
and I think there's no better place to live than Yokohama.

<u>008</u>
☐☐☐

A : What was the movie you saw yesterday like?

B : Actually, I didn't see it. _____

_____

<u>009</u>
☐☐☐

A : Do you know when Mami will move into her new apartment?

B : I don't know for sure, but _____

_____

<u>010</u>
☐☐☐

A : Have you ever seen a real dolphin?

B : Yes, I have. _____

You should go to see them. The show is great!

＊　　　＊　　　＊

<u>011</u>
☐☐☐

A : The children are complaining that they can't play outside because of
the rain.

B : The weather is certainly unusual. _____

<u>012</u>
☐☐☐

A : Since when have you known Sayaka?

B : _____
We really hit it off. She's now my best friend.

---

007 I've lived here for more than ten years
008 When I got to the theater, the tickets had already sold out.
009 by the end of next week at the latest she'll have moved out of her old place.
010 I saw some yesterday at the aquarium.　011 It's been raining for a week.
012 I've known her since we were in kindergarten.

013 A : I want to go shopping with you today, but it's raining hard now.

B : The weather forecast says it'll clear up this afternoon, so _____

_____

014 A : I'm meeting Tom tomorrow for the first time in a long time. Do you have a message for him?

B : Yes, I do. I've written him a short letter. _____

015 A : How about going hiking this weekend?

B : I'd like to, but I'm feeling a little down now. _____

*　　　*　　　*

016 A : You don't look so well.

B : To tell the truth, _____

017 A : I've seen this picture on TV or on the Internet. What's the name of it?

B : It's called *Sunflowers*. _____

It's one of his works that made him famous.

018 A : Do you remember her full name?

B : _____

_____

---

013 let's wait until the rain stops and then go.　014 Give it to him when you see him.
015 If I get better, I'll go.　016 I'm going to have an operation next month.
017 It was painted by Van Gogh.
018 I think she was called Janet, but I can't remember her last name.

019 A : I'm majoring in Japanese history.

B : Okay.　Here's a question. _____

_____

A : It is not exactly clear.　Some say in 552, and others say in 538.

020 A : Do you know when that new book will be published?　It should be an interesting book.

B : _____

_____

*　　　　*　　　　*

021 A : The meeting is going to be held tomorrow, right?

B : No. _____

022 A : There's a lot of noise outside.　Is something being built near here?

B : _____

The noise is driving me crazy.

023 A : This secondhand jacket cost me 20,000 yen.

B : Are you kidding? _____

---

019 When was Buddhism first introduced into Japan?
020 It is said that it may not be published at all because of some copyright problem.
021 The day has been changed to Friday.　　022 Yes, a new hotel is being built on the corner.
023 Such a dirty jacket can't be that expensive.

024   A : A festival is being held at Odaiba. Why don't we go there on Sunday?

        B : I'd like to, but I can't. _____

_____

025   A : I think I'm going to fail the exam.

        B : _____

        You should be more positive.

*   *   *

026   A : Can you guess my age?

        B : You look like you are in your early twenties, but _____

_____

027   A : Why didn't you go to the party yesterday?

        B : _____

_____

028   A : How do I get from this station to that station? Is it complicated?

        B : It's easy. _____

_____

029   A : Even if I'm tired, I can't sleep at night.

        B : _____

---

024 I must study for next week's exams.   025 You must not think that way.
026 you must be over thirty because you seem to know a lot about many things.
027 Both my mother and my sister caught colds, and I had to help take care of them.
028 You can't get lost because you don't have to change trains.
029 You should go to bed earlier.

030　A : I have a headache and my stomach hurts.

　　　B : _____

＊　　　＊　　　＊

031　A : I have a deadline, so I've been working hard on this project.

　　　B : You look pretty worn out. _____

032　A : Do you remember Tanaka Jiro?

　　　B : Of course I do! _____

　　　_____

033　A : Where did you lose your smartphone?

　　　B : _____

　　　I'll call the bus company and check with them.

034　A : Lisa is half an hour late. She is always on time for appointments.

　　　B : _____

035　A : I wonder if James really cheated the other students.

　　　B : _____

　　　He's not that kind of person.

---

030 I think you ought to see a doctor.　031 You'd better take a rest.
032 We used to take part in volunteer activities together when we were in high school.
033 I don't know, but I may have left it on the bus.　034 Something must have delayed her.
035 He can't have done such a thing.

036 A : How was your trip to France?

B : _____

_____ I couldn't communicate very well with the people there.

037 A : I don't feel so well. I have a bad stomach.

B : _____

Overeating is bad for your health.

038 A : Are you going to buy a new computer?

B : No, I'm not. I can't afford to because I don't have much savings.

_____

039 A : There are a lot of poor people in this area, aren't there?

B : Yes, there are. _____

_____

040 A : Mary wanted to borrow some books from me, but she hasn't returned
the books she borrowed last month.

B : _____

---

036 Okay, but I should have studied French more seriously in school.
037 You shouldn't have eaten so much.   038 I would buy it if it were a little cheaper.
039 If I had a lot of money, I could help them, but unfortunately I'm not rich.
040 If I were you, I wouldn't lend her any more books.

*   *   *

<u>041</u>
A : You were narrowly defeated by Takeru in the marathon.

B : I know. _____

<u>042</u>
A : The store clerk gave me the wrong change again.

B : _____

_____

<u>043</u>
A : Do you think you could live in a foreign country?

B : No. _____

_____

<u>044</u>
A : Thank you for taking the time to meet with me today. Is it all right to contact you by e-mail from now on?

B : Of course. _____

_____

<u>045</u>
A : Emma won the speech contest again. Her speech was very impressive.

B : _____

I'll have to make more of an effort next time.

---

041 If I had not taken a short rest, I would have beat him.
042 If I had been with you, I would have complained to the manager.
043 If I were to live in another country, I would probably get very lonely.
044 If you should have any questions about this matter later, please e-mail me anytime.
045 I wish I could make a speech like that.

*   *   *

046 A : Climbing that mountain last Saturday was very exciting. There were
☐☐☐   many beautiful views.

  B : _____

  I'm really sorry I couldn't take the day off.

047 A : Why don't you like Liam? He seems like a nice guy.
☐☐☐
  B : _____

  And he says bad things about other people.

048 A : I heard that actor's wife died while the movie was being shot.
☐☐☐
  B : Really? _____

  _____

049 A : Why don't we have another cup of coffee?
☐☐☐
  B : _____

  I have a dental appointment this afternoon.

050 A : Didn't Professor Smith help you?
☐☐☐
  B : Yes, he did. _____

  _____

---

046 Oh, I wish I had gone with you.
047 He talks as if he knew everything.
048 He continued to work, and he acted as if nothing had happened.
049 Sorry, it's time I was going.
050 If it were not for him, I wouldn't have finished my thesis.

*　　　*　　　*

<u>051</u>　A : You can't thank Olivia enough, can you?

　　　 B : No. _____

　　　 _____

<u>052</u>　A : What is your dream?

　　　 B : _____

　　　 _____

<u>053</u>　A : I'm thinking of going to Spain in August.　Are you going anywhere
　　　 this summer?

　　　 B : _____

<u>054</u>　A : I've been feeling better since I developed the habit of going to bed
　　　 early.

　　　 B : _____

　　　 You should continue doing so.

<u>055</u>　A : I'm having trouble getting my room in order.

　　　 B : You have too many clothes and too many books. _____

　　　 _____

---

051 If it had not been for her help, I couldn't have gotten that job.
052 My dream is to become a Japanese language teacher in America.
053 Yes, I haven't decided where to go yet.　054 I think it's a good idea to keep regular hours.
055 I'll bring you some boxes to put them in.

056　A : Mom, where's Emily?　We've promised to make a chocolate cake together today.

　　B : _____

　　　　She'll be back any minute.

057　A : Justin lived in Italy for twenty years.

　　B : No wonder he speaks Italian with ease. _____

　　　　_____

058　A : I heard that my son often fights with other students at school.

　　B : _____

　　　　It's important that you teach your child to follow the right path.

059　A : Mari didn't come to our club meeting yesterday.　I wonder what happened.

　　B : I don't know. _____

060　A : Lucy hasn't updated her SNSs for some time.　Do you know why she hasn't?

　　B : I don't know for sure, but _____

　　　　_____

056 She went to the supermarket to buy some chocolate.
057 I was surprised to hear his fluent Italian.　058 You must warn him not to do that again.
059 It's unusual for her to miss club meetings.
060 she seems to have lost her smartphone and hasn't bought a new one yet.

＊　　　＊　　　＊

<u>061</u>　A : Would you like a cup of coffee?

　　　B : Yes, thanks. _____

　　　　　I'll have to let it cool down a little.

<u>062</u>　A : Why did you move from a big city to that out-of-the-way place?

　　　B : I was attracted to country life.　Besides, I had a baby last year, and

　　　　　_____

<u>063</u>　A : Is the next exam extremely important to you?

　　　B : Yes.　I'm on the verge of failing the course, and everything depends
　　　　　on the exam. _____

　　　　　_____

<u>064</u>　A : Do you want me to move that big vase?

　　　B : Yes, thanks. _____

　　　　　_____ It's invaluable.

<u>065</u>　A : Lucas is supposed to do the dishes.　Where is he?

　　　B : I don't think he's here now. _____

---

061 Oh, it's still too hot for me to drink!
062 our apartment in the city was not large enough for three people to live in.
063 So in order to pass it, I'm going to study hard.
064 Please handle it carefully so as not to drop and break it.　065 I heard him go out.

*   *   *

066 A : Jim's always missing his train. That's why he's late for meetings.

B : He's a nice guy, but _____

067 A : Why don't we go to karaoke tonight? It'll be the first time in a long while.

B : Sounds great! _____

_____

068 A : Is anything wrong? You look worried.

B : Yeah. _____

_____

069 A : What is the most moving film you've ever seen?

B : It's *Titanic*. _____

070 A : Your grandfather looks very strong for his age.

B : Well, he played rugby for many years. _____

_____

---

066 keeping people waiting is one of his bad habits.
067 I've been looking forward to going to karaoke with you again.
068 I'm worried about my daughter missing so many days of school this year.
069 I can't watch it without being moved to tears.
070 He is proud of having been a well-known rugby player in his youth.

*　　*　　*

071 A : Oregon is to the north of Washington, isn't it?

B : Actually, it's the other way around. _____

072 A : Were you lonely as a child because both your parents worked and weren't at home for much of the time?

B : Not really. Research shows that _____

073 A : I heard something break. What happened?

B : I accidentally dropped a glass. Be careful. _____

074 A : I really like this pineapple cake. Where did you get it?

B : _____

Pineapple cakes seem to have originated in Taiwan, but I like the ones from Singapore more than those from Taiwan.

075 A : How did you learn to speak German so well?

B : Well, _____

---

071 Not knowing such simple geography is a little embarrassing, isn't it?
072 working parents' children tend to become mentally independent of their parents at an early age.   073 There're pieces of broken glass on the floor.
074 My cousin living in Singapore sent it to me.
075 I listen to German radio programs, watch German TV shows, and read articles and books written in German.

*　　*　　*

076　A : Who is in charge here?

　　　B : _____

　　　　　But he doesn't care for formalities, so everybody calls him Hamachan.

077　A : I heard your son got out of the hospital recently. How is he?

　　　B : He has completely recovered. _____

　　　　　_____

078　A : You don't look so well. What's the matter?

　　　B : _____

　　　　　It was a terrible sight.

079　A : You said your brother would meet us in the park. Where is he?

　　　B : Over there. _____

　　　　　_____

080　A : My computer isn't working. Could you take a look at it?

　　　B : _____

　　　　　Sorry.

---

076 A man named Hamada is in charge here.
077 We're really happy to see him playing outside with his friends again.
078 I saw a dog hit by a car.　079 He's the one wearing sunglasses, standing near the big tree.
080 Not knowing much about computers, I can't really help you.

* * *

081 A : You seem very calm when you speak in public.

B : _____

082 A : Is Microsoft Word already installed on this new computer?

B : No. _____

You have to buy the software separately.

083 A : I have a legal problem. Do you know anybody who knows a lot about legal matters?

B : Why don't you ask Chika to help you? _____

_____

084 A : What do I need to get a discount?

B : _____

Otherwise, you can't get one.

085 A : What does success depend on?

B : _____

_____

Step 4 Writing

---

081 Actually, I get nervous with many people watching me.
082 It comes with no word-processing software installed.
083 She has a brother who is a lawyer.
084 You need an ID which proves you are a student.
085 It depends not on the people whom you know but on your own efforts and sincerity.

086   A : I think we should extend the meeting by an hour.

       B : I agree. _____

       _____

087   A : You read a lot of books. Could you recommend a good novel in English?

       B : _____

       _____ I'll lend you my copy.

088   A : What kind of person is our boss looking for now?

       B : _____

       _____ If the person knows some Korean, so much the better.

089   A : Why do people visit New Zealand?

       B : They want to see the natural beauty there. _____

       _____

090   A : Is the party going to be held in this room?

       B : No. It's too small and not suitable for a party. _____

       _____

---

086 This topic is an important issue which we have to discuss in detail.
087 I think the mystery novel I read last month is perfect for you.
088 She's looking for an interpreter whose first language is Chinese.
089 New Zealand is a country whose beautiful scenery impresses anyone lucky enough to see it firsthand.   090 I've found a good room where we can have the party.

091　A : In 1912, Japan participated in the Olympics for the first time.

　　　B : Is that right? _____

　　　_____

092　A : Are you going to take that new job?

　　　B : No. I like my present job. _____

　　　_____

093　A : What's going to happen to that building?

　　　B : _____

　　　_____

094　A : How many children do you have?

　　　B : Only one. _____

　　　It's really hard raising even one child.

095　A : I've come to like studying mathematics recently.

　　　B : _____

　　　_____

---

091 That was also the year when Emperor Meiji passed away.
092 There is no reason why I should change jobs.
093 That building, which is no longer used, is going to be torn down.
094 I have a son, who is four years old.
095 What seems uninteresting at first sometimes turns out to be very interesting.

*　　*　　*

096　A : I can't understand your English. You speak too fast.

　　B : _____

　　　 _____

097　A : What do you like to do on the weekends?

　　B : _____

　　　 _____

098　A : I'm almost ready to go.

　　B : _____

099　A : I have a slight fever and a headache.

　　B : _____

100　A : I saw a bear catching a salmon in a river on TV. Are salmon freshwater fish?

　　B : _____

　　　 According to a book I read, this type of fish includes eels and *ayu*.

---

096 If you can't understand what I'm saying, I'll try to speak more slowly.
097 I really like to watch movies, but these days I don't have much time for movies.
098 Hurry up, or we'll miss our train.
099 Take this medicine, and you'll feel better in the morning.
100 Yes, but they can live in both fresh and sea water.

101 A : It was considerate of you to help me at today's meeting. I'll phone you later about the next meeting.

   B : _____

   Sometimes I don't notice my phone ringing.

102 A : I've put on a little weight. I'm thinking of going on a diet.

   B : _____

   _____

103 A : This refrigerator is the latest model and is very economical. Are you going to buy it?

   B : I want to, but _____

   _____

104 A : Are you ready for a major earthquake?

   B : Yes, I am because _____

   _____

105 A : Why didn't you make it to your appointment?

   B : _____

   _____

   It was my fault. I had misunderstood the starting time.

---

101 Contact me not by phone but by e-mail.
102 If you really want to lose weight, you should not only go on a diet but also start exercising.
103 the only problem is that it is a little too big for my kitchen.
104 there's a possibility that a major earthquake will hit Japan sometime soon.
105 When I looked at the timetable, I realized that the train had already left the station three minutes before.

106 A : Where do you live now?

B : In Sendai. _____

107 A : When are you returning to France?

B : Next week. _____

108 A : I think I'm going to be a little late for the meeting.

B : Don't worry. _____

109 A : Could you tell me your cell phone number?

B : _____

_____ I'll tell you the new number then.

110 A : When did you hear about that terrorist attack?

B : _____

_____

*   *   *

111 A : Today's a holiday. What shall we do?

B : _____

_____

---

106 About five years have passed since I moved there.
107 If possible, I'd like to see you again before I leave.
108 We'll wait until you come to start the meeting.
109 Actually, I'm going to get a new cell phone by the time we meet next week.
110 As soon as I got home, I turned on the TV and saw it on the news.
111 Since the weather's nice, why don't we rent a car and go for a drive?

112 A : How is your report going? Are you making good progress?

    B : Yes, I am. _____

_____

113 A : Do you think many people will come to the meeting on Saturday?

    B : No. _____

114 A : Do you eat out a lot?

    B : Yes. _____

_____

115 A : Do you like to go to the movies?

    B : No. _____

_____ I prefer to watch movies at home.

*   *   *

116 A : Do you recommend that I read that book?

    B : Yes, I do. _____

_____ I'm sure you'll enjoy it.

117 A : Why are you working so hard?

    B : _____

    A : Hawaii? I want to go there someday, too.

---

112 I've been working on it in the library because I need to use the reference books there.
113 Only a few people will attend it unless it's held on a weekday.
114 I'm too busy to cook for myself, although I know by doing so I can save money.
115 The seats in movie theaters are so narrow that I can't really relax.
116 It's such an interesting book that everyone should read it.
117 I'm saving my money so that I can go to Hawaii.

118   A : Did anyone call me this morning?

       B : _____

119   A : When should I leave in order to get to the bus station by noon?

       B : _____

120   A : Could you tell me what was decided at the last meeting?

       B : _____

       _____

       *　　　*　　　*

121   A : When did World War II break out?

       B : _____

       The German army started the war by invading Poland.

122   A : You've gotten thinner! How did you do it?

       B : _____

       _____

123   A : What are we going to have for lunch?

       B : _____

       But let's have sushi for a change. There's a nice sushi bar near here.

---

118 Yes, there were several calls for you while you were out.
119 I suggest you leave at 10:30 just in case the traffic is heavy.
120 It was decided that we would hold the school festival on September 20th.
121 It broke out in September 1939.
122 I've been walking for one hour in the evening five days a week.
123 I usually eat at the same restaurant every day.

124   A : Where do you live?

      B : _____

It's a big city, but prices there aren't too high. It's a comfortable place to live.

125   A : What has happened to you? You seem to be in low spirits.

      B : _____

My late grandmother made it for me.

            *   *   *

126   A : We have to go to the supermarket to get some milk. How late is it open?

      B : _____

         _____

127   A : What time do we have to be at the airport?

      B : _____

128   A : I lived in France for about fifteen years.

      B : _____

I really envy you.

---

124 I live in Nagoya.
125 I spilt coffee on my favorite skirt.
126 It's open until eleven, so we still have time to get there before it closes.
127 We have to be there by 8 am, so I think we should leave now.
128 Now I know why you speak French like a native speaker.

129   A : What do you do in order not to catch the flu?

B : _____

_____

130   A : How can I get to Asakusa?

B : _____

_____ If you want to take in the sights, you should go by water-bus.

*   *   *

131   A : Those students are really making a lot of noise.

B : Yeah. _____

132   A : Has Sophia found a new job yet?

B : No. _____

_____ This is making her feel depressed and frustrated.

133   A : How did you learn to type so fast?

B : I'm nothing special. _____

_____ With a little practice, you can do it too.

---

129 I gargle, wash my hands well with soap and water, and wear a mask.
130 If you want to go there as fast as possible, you should go by subway.
131 It's impossible to think with the room so noisy.
132 Despite applying for dozens of jobs, she is still out of work.
133 Quite a few people can type as fast as me.

134 A : Which sweatshirt suits me, the white one or the navy one?

B : _____

If I had to choose, I would choose the white one because it goes best with your pants.

135 A : Have you read that new spy novel? It's really selling well.

B : _____

In fact, it was a little boring.

*　　*　　*

136 A : How high is Tokyo Skytree?

B : It's 634 meters high. _____

And the view from the top is really spectacular.

137 A : What is the population of India?

B : It's more than 1.3 billion. _____

138 A : Are you particular about the food you eat every day?

B : _____

_____ Some people have very unhealthy diets.

134 You look as good in white as in navy.
135 I read it, but it was not as exciting as I had expected.
136 It's about twice as high as Tokyo Tower.
137 That means it's more than ten times as large as that of Japan.
138 No, not really, but I do try to have as many balanced meals as possible.

139　A : When is our next club meeting?

　　　B : _____

　　　There's a good chance it will be postponed a week or two.

140　A : Shota's spoken English has really improved, hasn't it?

　　　B : _____

　　　I heard that he's going to an English conversation school.

＊　　　＊　　　＊

141　A : I like this computer, but it must be very expensive.

　　　B : It's not as expensive as it looks. _____

　　　_____ It's an excellent computer.

142　A : Why did you walk out in the middle of the movie?

　　　B : Because it was so boring. _____

143　A : You're always reading. You really like books, don't you?

　　　B : Yes. _____

　　　_____

144　A : How many times a year do you go abroad?

　　　B : _____

　　　I love to see and experience different cultures.

---

139 I'll check the date and let you know as soon as I can.
140 Yes, he is much better at speaking English than he used to be.
141 If anything, it's less expensive than those other computers.
142 The longer I watched it, the sleepier I got.
143 The more books I read, the more chances I have to broaden my horizons.
144 I go abroad more than ten times a year.

145 A : How long does it take to go from here to Kyoto by bus?

B : _____

The bus trip is pleasant and the scenery along the way is quite nice.

* * *

146 A : Is the Caspian Sea a sea or a lake?

B : _____

Since 2018, however, it has been regarded as a sea under an international agreement.

147 A : Are you content with your present life?

B : _____,

but in general I'm satisfied with my present life.

148 A : How does a computer do all those difficult tasks?

B : I've thought about that, too. _____

_____

149 A : That mountain bike you want is very expensive.

B : _____

I'm going to buy it somehow or other.

---

145 It takes less than two hours.   **146** It was once the largest lake in the world.
147 Well, there are a few things I would like to change
148 It remains a mystery to me how computers work.
149 I don't care how much it costs.

150 A : Have you made up your mind where you're going on vacation?

B : _____

_____

*   *   *

151 A : Several of our classmates are studying English in America this summer. Have you heard from any of them?

B : No, I haven't. _____

152 A : What time shall I pick you up to go to the soccer match?

B : _____

_____

---

150 We've decided to go to Australia, but haven't decided how long we'll stay there.
151 I wonder how they're getting on.
152 I would appreciate it if you could pick me up at around 11:00 am.

Step 5
Advanced Exercise

☞ 別冊の例文集の例文 B を使用します。

例文 A で行ったトレーニングを意識しながら，例文 B を使って，次の 4 つの課題に取り組みます。

> 課題 1 　英語を目で見て読んで日本語の意味を考える。次に実際に日本語を口に出してみる
> 課題 2 　日本語を目で見て読んで英語にする。声に出して，次に英文を書いてみる
> 課題 3 　英語を聞いて日本語の意味を考える。次に実際に日本語を口に出してみる
> 課題 4 　日本語を聞いて英語にする。声に出して，次に英文を書いてみる

たとえ例文が変化しても，使う文法知識やルールは変化しないということをこの作業を通して実感できたらしめたものです。一般化・体系化された文法知識をベースにすれば，個別の具体的な状況や相手に応じて，その文法知識を用いて表現を細かく微調整できます。状況や相手に応じて柔軟に対応しなければならないスピーキングやライティングといった英語のアウトプットにこそ英文法の知識が欠かせないことが実感できると思います。

みなさんが間違えた箇所は文法ポイントではなく，たぶん細かい単語や表現だと思います。日本語に相当する単語や表現が瞬時に浮かばない，浮かんでも正しい使い方ができないということは，語彙力が足りないということに他なりません。まずは Activate の別冊に収録された例文 A と例文 B に含まれる単語と表現はすべて覚えるようにしましょう。特に「重要表現」はふだん頻繁に使われ，大学入試でもよく出題されるものを厳選しています。まずはこの重要表現の部分の音声を注意深く聞き，正しい発音をまね，自分で何度も発音し，手を使って紙に書いてみる，ということを勧めます。語彙の学習でも身体器官をフル活用することを忘れないようにしましょう。

例文 A に加えて例文 B も自由自在に使えるサンプル英文としてすべて完璧に覚えることを勧めます。そのためには「英語を聞く＋英語を音読する」という練習を繰り返すことが大切です。別冊を常に持ち歩いて隙間の空き時間を有効に活用してトレーニングを重ねてください。電車の中など，声に出す音読ができない場合は，心の中で音読しましょう。研究によれば黙読でも音読と同じ脳内領域が活発に活動するということです。英文の強勢，ポーズ，イントネーション，リズムなども意識して，自分が対話の当事者になったつもりで感情を込めて音読をすることを心がけましょう。感情を込めた音読は「英語を読む」というレベルを超えて，実際に「英語を話す・語る」というレベルにまで質的な転換を遂げていることになります。

● 例文 A に対して Step1 で示された重要表現，および例文 B に対して別冊例文集で示された重要表現を，リストにしました。「A-143」の A は例文 A を，143 は問題番号を示しています。

● 重要表現は，みなさんの表現の幅を広げ，豊かなコミュニケーションを作り出すベースとなります。ぜひとも覚えるようにしてください。

☐ develop the habit of doing	A-054		☐ for a change	A-123
☐ do	B-104		☐ for a long time	A-060
☐ do the dishes	A-065		☐ for a short time	A-060
☐ do well on A	B-003		☐ for one's age	A-070
☐ Do you want me to do ...?	A-064		☐ for oneself	A-114
☐ downtown【副詞】	B-044		☐ for some time	A-060
☐ dozens of A	A-132		☐ for sure	A-009
☐ dream comes true	B-104		☐ for the first time in A	B-142
☐ drive	B-001		☐ for the first time in a long time	A-014
☐ drive A crazy	A-022		☐ for the time being	B-058
☐ drive A home	B-039		☐ from now on	A-044

E

G

☐ eat in	A-114		☐ generally speaking	B-054
☐ eat out	A-114		☐ get a discount	A-084
☐ eat outside	A-011		☐ get A in order	A-055
☐ economic	A-103		☐ get A to do	B-052
☐ economical	A-103		☐ get along with A	B-147
☐ embarrassed	A-071		☐ get angry	A-015
☐ embarrassing	A-071		☐ get back	B-013
☐ enjoy doing	B-114		☐ get better	A-015
☐ enter the hospital	A-077		☐ get bitten by A	B-074
☐ even though SV	B-124		☐ get bored	B-064
☐ every time【接続詞】	B-117		☐ get home	A-110
☐ expect A to do	B-049		☐ get in touch with A	B-148
			☐ get lonely	A-043
			☐ get lost	A-028
F			☐ get nervous	A-081
			☐ get on	A-151
☐ fail A	B-140		☐ get out of the hospital	A-077
☐ fail a test	A-063		☐ get ready	A-015
☐ fail to do	B-132		☐ get sleepy	A-142
☐ fall down	B-072		☐ get there	B-130
☐ feel at home	A-015		☐ get thin	A-122
☐ feel comfortable	A-015		☐ get through A	B-042
☐ feel down	A-015		☐ get to A	A-008
☐ feel good	A-015		☐ get up	A-029
☐ feel like doing	B-044		☐ get worse	A-015
☐ First, SV ... . Second, SV 〜.	B-143		☐ give A advice	B-054
☐ firsthand【副詞】	A-089		☐ go abroad	A-144
☐ five days a week	A-122		☐ go camping	A-013
☐ fix a problem	B-020		☐ go fishing	A-013

☐ go for a drive	A-111	☐ have what it takes to do	B-096
☐ go for a walk	A-111, B-015	☐ Have you ever done …?	A-010
☐ go off	B-065	☐ hear from A	A-151
☐ go on a diet	A-102	☐ help A (to) do	B-061
☐ go on a hike	B-118	☐ help A with B	B-063
☐ go outside	A-011	☐ help do	A-027
☐ go shopping	A-013	☐ Here we are.	B-151
☐ go sightseeing in A	A-006	☐ hit A	A-104
☐ go swimming	A-013	☐ hit it off	A-012
☐ go to bed	A-029	☐ hold A	A-021
☐ go to college	A-001	☐ Hold on a minute.	B-110
☐ go to school	A-001	☐ How about doing …?	A-015
☐ go to see a movie	B-008	☐ How did you like A ?	B-055
☐ go to the movies	A-115	☐ How do I get from A to B?	A-028
☐ go with A	A-134	☐ How is A going?	A-112
☐ grow old	B-142	☐ How late …?	A-126
		☐ How long does it take to do …?	A-145
		☐ How many times …?	A-144
H		☐ How often … ?	B-139
		☐ hundreds of A	B-034
☐ hang out	B-044		
☐ happen to do	B-035		
☐ have a baby	B-016	**I**	
☐ have a bad stomach	A-037		
☐ have a balanced meal [diet]	A-138	☐ I can't wait.	A-006
☐ have a checkup	B-122	☐ I don't feel so well.	A-037
☐ have a difficult[hard] time doing	B-099	☐ I have something to talk to A about.	A-004
☐ have a fever	A-099	☐ I heard (that) …	A-048
☐ have a good heart	B-116	☐ I think I'm going to do	A-108
☐ have a good time	B-119	☐ I wonder how tall S is.	B-151
☐ have a great influence on A	B-085	☐ I wonder if [whether] …	A-035
☐ have a headache	A-030	☐ I wonder ＋疑問詞 …	A-059
☐ have a party	A-090	☐ I would appreciate it if you could [would] do …	
☐ have a sale	B-045		A-152
☐ have a slight [high] fever	A-099	☐ I'd like to, but …	A-015
☐ have a wide selection of A	B-073	☐ I'll let you know.	A-139
☐ have an appointment	A-049	☐ I'm planning to do …	A-007
☐ have enough time to do	B-080	☐ I'm sorry (that) …	A-046
☐ have good[poor, bad] eyesight	B-050	☐ I'm sure (that) …	A-116
☐ have got A	B-137	☐ I'm thinking of doing …	A-053
☐時間 ＋ have passed since SV.	A-106	☐ if anything	A-141
☐ have the flu	A-129	☐ If only S could …!	B-133
☐ have the wrong number	B-026	☐ if possible	A-107
☐ have trouble (in) doing	A-055	☐ in A	A-003

Q

☐ quite a few ＋可算名詞	A-133

R

☐ raise A	A-094
☐ recognize A	B-142
☐ recommend that S (should) do	A-116
☐ reflect A	B-078
☐ regard A as B	A-146
☐ regret doing [having done]	B-071
☐ remind A of B	B-090
☐ reply to A	B-005
☐ requirement for A	B-024
☐ reservation	A-049
☐ return A to B	A-107
☐ return to A	A-107
☐ ..., right?	A-021
☐ run out of A	B-083
☐ run the risk of doing	B-074

S

☐ S come with A	A-082
☐ S is a mystery to A	A-148
☐ S look good in A	A-134
☐ save money	A-114, A-117
☐ say bad things about A	A-047
☐ search for A	B-004
☐ see (to it) that SV	B-018
☐ see a doctor	A-030
☐ see A firsthand	A-089
☐ see (that) SV	B-057
☐ see the sights	A-130
☐ seem like A	A-047
☐ sell out	A-008
☐ sell well	A-135
☐ send A to B	A-074
☐ several times	A-005
☐ share A with B	B-060
☐ show up	B-041
☐ since 【副詞】	B-017

☐ Since when ...?	A-012
☐ skin one's knee	B-072
☐ sleep	A-029
☐ so far	B-049
☐ so much the better	A-088
☐ solve a problem	B-135
☐ Some say (that) SV	B-134
☐ someday	A-117
☐ somehow or other	A-149
☐ speak	A-096
☐ speak frankly	A-096
☐ speak loudly	A-096
☐ speak softly	A-096
☐ spend A doing	B-038
☐ stop to do	B-056
☐ study abroad	A-144
☐ subscribe to A	B-087
☐ suggest that S (should) do	A-116
☐ suit A	A-134

T

☐ tackle a problem	B-020
☐ take A back / take back A	B-030
☐ take a bath	A-005
☐ take a break	B-064
☐ take a look at A	A-080
☐ take A (out) for a walk	B-113
☐ take A off	A-046
☐ take a picture	B-056
☐ take a rest	A-031
☐ take a taxi	B-039
☐ take a year off	A-046
☐ take A's advice	B-059
☐ take care of A	A-027
☐ take in the sights	A-130
☐ take medicine	A-099
☐ take one's time	B-135
☐ take part in A	A-032
☐ take the time to do	A-044
☐ take three weeks off	A-046
☐ talk about A behind A's back	B-116
☐ taste in A	B-128

初　版第1刷発行　2020年2月20日
新装版第1刷発行　2020年11月1日

米山 達郎（よねやま たつろう）

1965年鹿児島生まれ。ラ・サール高等学校卒業。京都大学文学部卒業。現在は『米山達郎英語塾』を主催し、すべての対面授業をオンラインでも配信中。主な著作に『英文法・語法Vintage』、『Grammar Collection』シリーズ（以上，共著），『Circuit Basic 55』，（以上いいずな書店），『英作文のストラテジー』，『パラグラフリーディングのストラテジー1～3』（以上，共著，河合出版），『大学入試150パターンで解く英作文』（研究社），『英文法・語法SWing』（共著，学研プラス）などがある。米山達郎英語塾:右のQRコードからアクセス。または http://yone-juku.net/ まで。

文法力を発信力に変える　[アクティベート]
Activate
Output Training based on Essential Grammar

著　　者	米山 達郎
発 行 者	前田 道彦
発 行 所	株式会社 いいずな書店

〒110-0016
東京都台東区台東 1-32-8　清鷹ビル 4F
TEL　03-5826-4370
振 替　00150-4-281286
ホームページ https://www.iizuna-shoten.com

印刷・製本　株式会社 丸井工文社

ISBN978-4-86460-566-3 C7082

◆執筆協力／林　洋章
　　　　　　スタジオ枝川

◆英文校閲／Dr. Thomas J. Cogan

◆装丁／BLANC design inc.
　　　　阿部ヒロシ

◆DTP／沼田和義（オフィス・クエスト）

例文集

文法力を発信力に変える

Activate

Output Training
based on Essential Grammar

IIZUNA SHOTEN

例文集

文法力を発信力に変える

Activate

Output Training
based on Essential Grammar

IIZUNA SHOTEN

『Activate—Output Training besed on Essential Grammar　別冊例文集』の使い方

本書『別冊例文集』は，『Activate—Output Training besed on Essential Grammar』の各 Step の演習で，何度も使用する対話文を集めた例文集です。『Activate』は，Vintage の基本文法事項をベースとする 152 個の対話文を，文法的に理解する，音声を聞く，音声をまねて音読する，日本語を聞いて英文を書く，というインプットとアウトプットのトレーニング通じて，みなさんの英語表現力を養い，磨き上げることを目的としています。『別冊例文集』はその豊かな表現力の源となり核となる英文を集めたものです。できればいつでも持ち歩いて，何度も何度も英文を聞き，音読し，英文の意味を考え，日本語から英文を作ってみる，ということを，少しずつでよいので続けてください。

『例文集』は例文 A と例文 B で構成されています。
■例文 A
例文 A は『Activate』の各 Step で展開される対話文です。特に Step 3「Listening & Oral Reading」ではリスニングと音読のトレーニングに，例文集の例文 A を使用します。

■例文 B
例文 B は，例文 A と同じ文法事項を含む別の場面の対話文です。例文 A での学習がひととおり済んでから，例文 B を使用してください。みなさんが『Activate』本冊の各 Step の演習をひととおり終えたとき，例文 A で学んだ基本文法事項がアウトプットレベルにまで磨かれています。ですので，例文 B の日本語を見たとき，どのような英文を作ればよいのか，その骨格が比較的たやすく頭に浮かぶことと思います。例文 B は例文 A を通じて磨かれたみなさんの表現力を，さらに実践的なレベルにまで仕上げて行くために厳選された素材です。英文に含まれる重要表現も，一つ残さず身につけるつもりで，学習を進めていってください。なお，詳しい説明や使用法は『Activate』本冊の Step 5「Advanced Exercise」の説明 (p. 133) も参照してください。

＊音声の聞き方・・

『例文集』の音声も，無料アプリ『いいずなボイス』で聞くことができます。『Activate』本冊 p. 2 の「音声再生アプリ「いいずなボイス」の使い方」にある書籍認識用 QR コードを読み取っていれば，各ページの QR コードにアプリをかざすと音声を聞くことができます。１つずつ音声が収録されていますので，次の番号の例文の音声を聞く場合には，⏭（次へ）ボタンを押してください。

A

Vintage 3rd Edition

001 ☒☒☒☒☒

A : Do you usually walk to school?　　　　　　　　　　　　**V1**

B : No, I don't. I **always go** by bus.

002 ☒☒☒☒☒

A : Do you think it's good to make friends through social media?　**V2**

B : No. A friend of mine **met** a terrible man through social media **last year**. He cheated my friend out of some money.

003 ☒☒☒☒☒

A : When will AI overtake human beings in intelligence?　　　**V3**

B : Some people say that it **will** probably **happen** in 2045.

004 ☒☒☒☒☒

A : Do you know where Ben is? I have something to talk to him about.　**V4**

B : Yes, I know where he is. **He's studying** in the library now.

005 ☒☒☒☒☒

A : Why didn't you answer the phone last night? I called you several times.　**V5**

B : Sorry. I **was** probably **taking** a bath when you called.

006 ☒☒☒☒☒

A : Are you doing anything this weekend?　　　　　　　　**V7**

B : Yes, **I'm going** sightseeing in Kyoto. I can't wait.

007 ☒☒☒☒☒

A : Are you planning to move out of Yokohama?　　　　　　**V10**

B : No. **I've lived** here for more than ten years, and I think there's no better place to live than Yokohama.

008 ☒☒☒☒☒

A : What was the movie you saw yesterday like?　　　　　　**V11**

B : Actually, I didn't see it. When I got to the theater, the tickets **had** already **sold** out.

001 □□□□□

A：ふだん歩いて学校に行きますか。

B：いいえ。いつもバスで行きます。

002 □□□□□

A：ソーシャルメディアを通じて友だちになるのは，よいことだと思いますか。

B：いいえ。去年，私の友人はソーシャルメディアを通じてとんでもない男性と出会いました。彼は私の友人からお金をだまし取ったんです。

003 □□□□□

A：いつ AI が知能で人間を追い越すでしょうか。

B：それはおそらく 2045 年に起こるだろうと言う人もいます。

004 □□□□□

A：ベンがどこにいるか知ってる？　彼に話したいことがあるの。

B：ああ，彼がどこにいるか知ってるよ。今，図書館で勉強してるよ。

005 □□□□□

A：なぜ昨晩電話に出なかったの？　何回か掛けたのに。

B：ごめん。君が掛けたとき，たぶんお風呂に入っていたんだ。

006 □□□□□

A：今週末，何かするつもりなの？

B：うん，京都に観光に行くつもりだよ。待ちきれないよ。

007 □□□□□

A：横浜から引っ越す予定ですか。

B：いいえ。ここに 10 年以上住んできて，横浜よりも住むのにいい場所はないと思っています。

008 □□□□□

A：あなたが昨日観た映画はどうでしたか。

B：実は，観ませんでした。劇場に着いたときには，チケットはすでに売り切れていました。

009

A : Do you know when Mami will move into her new apartment? **V 13**

B : I don't know for sure, but by the end of next week at the latest **she'll have moved** out of her old place.

010

A : Have you ever seen a real dolphin? **V 14**

B : Yes, I have. I **saw** some **yesterday** at the aquarium. You should go to see them. The show is great!

011

A : The children are complaining that they can't play outside because of the rain. **V 17**

B : The weather is certainly unusual. **It's been raining** for a week.

012

A : Since when have you known Sayaka? **V 20**

B : **I've known** her since we were in kindergarten. We really hit it off. She's now my best friend.

013

A : I want to go shopping with you today, but it's raining hard now. **V 21**

B : The weather forecast says it'll clear up this afternoon, so let's wait **until** the rain **stops** and then go.

014

A : I'm meeting Tom tomorrow for the first time in a long time. Do you have a message for him? **V 23**

B : Yes, I do. I've written him a short letter. Give it to him **when** you **see** him.

015

A : How about going hiking this weekend? **V 25**

B : I'd like to, but I'm feeling a little down now. **If I get** better, I'll go.

009 □□□□□

A: マミがいつ新しいアパートに入居するか知ってる?

B: はっきりとは知らないけど, 遅くとも来週末までには前の部屋から退居しているだろうね。

010 □□□□□

A: 本物のイルカを見たことある?

B: うん, あるよ。水族館で昨日見たんだ。君も見に行くべきだよ。ショーが最高なんだ!

011 □□□□□

A: 子どもたちが雨のせいで外で遊べないって文句を言ってるの。

B: この天気は確かに異常だよね。1週間降り続いてるよ。

012 □□□□□

A: いつからサヤカを知っているのですか。

B: 幼稚園にいたときから知っています。本当に会ってすぐ仲良くなりました。彼女は今では一番の親友です。

013 □□□□□

A: 今日, 君と買い物に行きたいんだけど, 今は雨が強く降ってるね。

B: 天気予報では午後には晴れるって言ってるから, 雨が止むまで待って, それから出かけましょう。

014 □□□□□

A: 久しぶりに明日, トムと会うことになっています。伝言はありますか。

B: はい。彼に短い手紙を書いたので, 会ったとき渡してください。

015 □□□□□

A: 今週末, ハイキングに行くのはどう?

B: 行きたいけど, 今, 少し気分がよくないんだ。よくなったら行くよ。

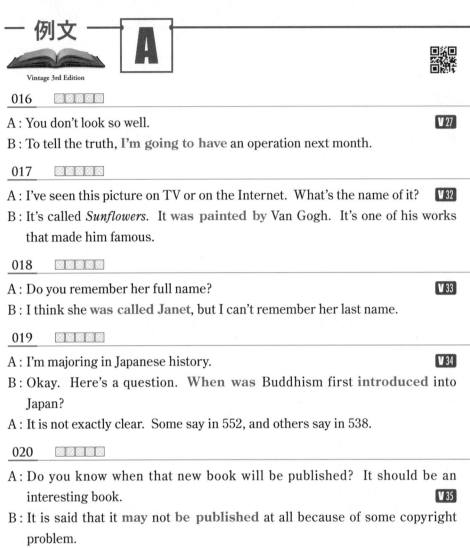

例文　A

Vintage 3rd Edition

016 ☒☒☒☒☒

A : You don't look so well. `V 27`

B : To tell the truth, **I'm going to have** an operation next month.

017 ☒☒☒☒☒

A : I've seen this picture on TV or on the Internet. What's the name of it? `V 32`

B : It's called *Sunflowers*. It **was painted by** Van Gogh. It's one of his works that made him famous.

018 ☒☒☒☒☒

A : Do you remember her full name? `V 33`

B : I think she **was called Janet**, but I can't remember her last name.

019 ☒☒☒☒☒

A : I'm majoring in Japanese history. `V 34`

B : Okay. Here's a question. **When was** Buddhism first **introduced** into Japan?

A : It is not exactly clear. Some say in 552, and others say in 538.

020 ☒☒☒☒☒

A : Do you know when that new book will be published? It should be an interesting book. `V 35`

B : It is said that it **may** not **be published** at all because of some copyright problem.

021 ☒☒☒☒☒

A : The meeting is going to be held tomorrow, right? `V 36`

B : No. The day **has been changed** to Friday.

022 ☒☒☒☒☒

A : There's a lot of noise outside. Is something being built near here? `V 37`

B : Yes, a new hotel **is being built** on the corner. The noise is driving me crazy.

---

016 ☐☐☐☐☐

A：あまり元気そうじゃないね。

B：実を言うと，来月手術を受けるつもりなの。

017 ☐☐☐☐☐

A：この絵はテレビかインターネットで見たことがあります。何というタイトルですか。

B：「ひまわり」と呼ばれています。ヴァン・ゴッホによって描かれました。彼を有名にした作品の1つです。

018 ☐☐☐☐☐

A：彼女のフルネーム覚えてる？

B：ジャネットと呼ばれてたと思うけど，名字は思い出せないなあ。

019 ☐☐☐☐☐

A：日本史を専攻しているんだ。

B：よし。じゃあ問題ね。仏教が初めて日本に伝えられたのはいつでしょうか。

A：それは明確にはっきりとはしてないな。552年と言う人もいれば，538年と言う人もいるよ。

020 ☐☐☐☐☐

A：あの新刊はいつ出版されるか知っていますか。興味深い本のはずです。

B：何か著作権の問題のせいで，まったく出版されないかもしれないそうです。

021 ☐☐☐☐☐

A：会議は明日開かれますよね。

B：いいえ。日程は金曜日に変更されましたよ。

022 ☐☐☐☐☐

A：外がとても騒がしいですね。ここの近くで何か建設中なんですか。

B：はい，角で新しいホテルが建設中です。あの騒音で気が変になりそうです。

例文　A

Vintage 3rd Edition

023

A : This secondhand jacket cost me 20,000 yen.　**V41**
B : Are you kidding? Such a dirty jacket **can't be** that expensive.

024

A : A festival is being held at Odaiba. Why don't we go there on Sunday?　**V43**
B : I'd like to, but I can't. I **must study** for next week's exams.

025

A : I think I'm going to fail the exam.　**V44**
B : You **must not think** that way. You should be more positive.

026

A : Can you guess my age?　**V45**
B : You look like you are in your early twenties, but you **must be** over thirty because you seem to know a lot about many things.

027

A : Why didn't you go to the party yesterday?　**V46**
B : Both my mother and my sister caught colds, and I **had to help** take care of them.

028

A : How do I get from this station to that station? Is it complicated?　**V48**
B : It's easy. You can't get lost because you **don't have to change** trains.

029

A : Even if I'm tired, I can't sleep at night.　**V50**
B : You **should go** to bed earlier.

030

A : I have a headache and my stomach hurts.　**V51**
B : I think you **ought to see** a doctor.

023 ☐☐☐☐☐

A：この古着の上着は 2 万円したんだ。

B：冗談でしょう？　こんな汚い上着がそんな高いはずないわよ。

024 ☐☐☐☐☐

A：お台場でフェスが開催されているの。日曜日にいっしょに行かない？

B：行きたいけど，行けないな。来週の試験の勉強をしなければならないんだよ。

025 ☐☐☐☐☐

A：試験に落ちると思うの。

B：そんなふうに考えちゃいけないよ。もっと前向きになるべきだよ。

026 ☐☐☐☐☐

A：私の年齢当てられる？

B：20 代前半に見えるけど，たくさんのことについて色々知ってるようだから 30 は超えているにちがいないな。

027 ☐☐☐☐☐

A：なんで昨日パーティーに行かなかったの？

B：母親も姉 [妹] も風邪をひいて，2 人の世話を手伝わなければならなかったの。

028 ☐☐☐☐☐

A：この駅からあの駅までどうやって行きますか。複雑ですか。

B：簡単ですよ。電車を乗り換える必要がないので迷わないはずですよ。

029 ☐☐☐☐☐

A：たとえ疲れていても，夜に寝られないんです。

B：もっと早く床に就くべきですよ。

030 ☐☐☐☐☐

A：頭痛がしておなかが痛いの。

B：医者に診てもらうべきだと思うよ。

Vintage 3rd Edition

031 ☒☒☒☒☒

A : I have a deadline, so I've been working hard on this project.　V 59

B : You look pretty worn out. **You'd better take** a rest.

032 ☒☒☒☒☒

A : Do you remember Tanaka Jiro?　V 61

B : Of course I do! We **used to take** part in volunteer activities together when we were in high school.

033 ☒☒☒☒☒

A : Where did you lose your smartphone?　V 64

B : I don't know, but I **may have left** it on the bus. I'll call the bus company and check with them.

034 ☒☒☒☒☒

A : Lisa is half an hour late. She is always on time for appointments.　V 65

B : Something **must have delayed** her.

035 ☒☒☒☒☒

A : I wonder if James really cheated the other students.　V 66

B : He **can't have done** such a thing. He's not that kind of person.

036 ☒☒☒☒☒

A : How was your trip to France?　V 67

B : Okay, but I **should have studied** French more seriously in school. I couldn't communicate very well with the people there.

037 ☒☒☒☒☒

A : I don't feel so well. I have a bad stomach.　V 69

B : You **shouldn't have eaten** so much. Overeating is bad for your health.

例文

A

例文

B

031 ☐☐☐☐☐

A：締め切りがあるので，このプロジェクトにがんばって取り組んでいます。

B：かなり疲れているようですね。ひと休みした方がいいですよ。

032 ☐☐☐☐☐

A：タナカジロウさんを覚えてる？

B：もちろん覚えてるよ！　高校にいたとき，私たちはよくいっしょにボランティア活動に参加したものだ。

033 ☐☐☐☐☐

A：どこでスマートフォンを失くしたの？

B：わからないけど，バスに置き忘れたのかもしれない。バス会社に電話して，確かめてみるよ。

034 ☐☐☐☐☐

A：リサは 30 分遅れています。彼女はいつも約束に時間通りに来るのですが。

B：何かがあって遅れたに違いありません。

035 ☐☐☐☐☐

A：ジェームズは本当にほかの生徒たちをだましたのかなあ？

B：彼がそんなことをしたはずがないよ。彼はそんな人間じゃないよ。

036 ☐☐☐☐☐

A：フランス旅行はどうでしたか。

B：楽しい旅行でしたが，学校でもっと真剣にフランス語を勉強すべきでした。現地の人とあまり意思疎通ができませんでした。

037 ☐☐☐☐☐

A：あまり気分がよくないの。胃の具合が悪くて。

B：そんなにたくさん食べるべきじゃなかったね。食べ過ぎは健康に悪いよ。

A

038 ☒☒☒☒☒

A : Are you going to buy a new computer? **V 80**

B : No, I'm not. I can't afford to because I don't have much savings. I **would buy** it **if** it **were** a little cheaper.

039 ☒☒☒☒☒

A : There are a lot of poor people in this area, aren't there? **V 81**

B : Yes, there are. **If I had** a lot of money, I **could help** them, but unfortunately I'm not rich.

040 ☒☒☒☒☒

A : Mary wanted to borrow some books from me, but she hasn't returned the books she borrowed last month. **V 82**

B : **If I were** you, I **wouldn't lend** her any more books.

041 ☒☒☒☒☒

A : You were narrowly defeated by Takeru in the marathon. **V 83**

B : I know. **If I had not taken** a short rest, I **would have beat** him.

042 ☒☒☒☒☒

A : The store clerk gave me the wrong change again. **V 84**

B : **If I had been** with you, I **would have complained** to the manager.

043 ☒☒☒☒☒

A : Do you think you could live in a foreign country? **V 88**

B : No. **If I were to live** in another country, I **would** probably **get** very lonely.

044 ☒☒☒☒☒

A : Thank you for taking the time to meet with me today. Is it all right to contact you by e-mail from now on? **V 89**

B : Of course. **If you should have** any questions about this matter later, **please e-mail** me anytime.

---

038 □□□□□

A：新しいコンピュータを買うつもりなの？

B：いや，買わないよ。あまり貯金をしてないから買う余裕がないんだ。もう少し安ければ買うんだけどなあ。

039 □□□□□

A：この地域にはたくさん貧しい人たちがいますね。

B：はい。もし私がたくさんお金を持っていれば，彼らを支援できるのですが，残念ながら私は裕福ではないのです。

040 □□□□□

A：メアリーが私から本を何冊か借りたがっていたけど，先月借りた本を彼女は返していないの。

B：もし私があなたなら，彼女にこれ以上本を貸さないけどね。

041 □□□□□

A：マラソンでもう少しのところでタケルに負けてしまったわね。

B：わかってるよ。小休止していなかったら，彼に勝っていただろうなあ。

042 □□□□□

A：あの店員，またお釣りを間違えたの。

B：もし私が君といっしょにいたら，責任者に苦情を言ったんだけどなあ。

043 □□□□□

A：外国生活が可能だと思いますか。

B：いいえ。仮に別の国で暮らすことになれば，たぶんとても寂しくなるでしょう。

044 □□□□□

A：今日は私に会う時間を割いていただいてありがとうございました。今後は E メールで連絡して問題ないでしょうか。

B：もちろんです。あとで万一この件に関して質問があれば，いつでも私にメールしてください。

Vintage 3rd Edition

045 ☒☒☒☒☒

A : Emma won the speech contest again. Her speech was very impressive. **V 90**

B : **I wish** I **could make** a speech like that. I'll have to make more of an effort next time.

046 ☒☒☒☒☒

A : Climbing that mountain last Saturday was very exciting. There were many beautiful views. **V 91**

B : Oh, **I wish** I **had gone** with you. I'm really sorry I couldn't take the day off.

047 ☒☒☒☒☒

A : Why don't you like Liam? He seems like a nice guy. **V 95**

B : He talks **as if** he **knew** everything. And he says bad things about other people.

048 ☒☒☒☒☒

A : I heard that actor's wife died while the movie was being shot. **V 96**

B : Really? He continued to work, and he acted **as if** nothing **had happened**.

049 ☒☒☒☒☒

A : Why don't we have another cup of coffee? **V 97**

B : Sorry, **it's time** I **was** going. I have a dental appointment this afternoon.

050 ☒☒☒☒☒

A : Didn't Professor Smith help you? **V 99**

B : Yes, he did. **If it were not for** him, I **wouldn't have finished** my thesis.

051 ☒☒☒☒☒

A : You can't thank Olivia enough, can you? **V 100**

B : No. **If it had not been for** her help, I **couldn't have gotten** that job.

045 ▢▢▢▢▢

A：エマはまたスピーチコンテストで優勝したね。彼女のスピーチは本当に素晴らしかった。

B：私もあんなふうにスピーチできたらいいのになあ。私，次回はもっと努力しなきゃ。

046 ▢▢▢▢▢

A：この前の土曜にあの山に登ったのはとても興奮したよ。美しい眺めがたくさんあったんだ。

B：ああ，私もあなたといっしょに行ったらよかったんだけどなあ。その日休暇がとれなかったのは本当に残念。

047 ▢▢▢▢▢

A：なぜ，リアムのことが気に入らないの？ 彼はとてもいい人のように思えるけど。

B：自分が何でも知っているかのように話すんだ。それに人の悪口も言うし。

048 ▢▢▢▢▢

A：その映画の撮影中にあの俳優の奥さんが亡くなったらしいわね。

B：本当に？ 彼は仕事を続け，何事も起きなかったかのようにふるまっていたよ。

049 ▢▢▢▢▢

A：コーヒーをもう一杯飲みませんか。

B：ごめんなさい，もう行かないといけない時間です。午後に歯医者の予約があります。

050 ▢▢▢▢▢

A：スミス教授は助けてくれなかったのですか。

B：いいえ，助けてくれました。もし彼がいなければ，論文は完成しなかっただろうと思います。

051 ▢▢▢▢▢

A：オリビアには感謝してもしきれないわね。

B：そうだね。もし彼女の助けがなかったら，あの職に就けていなかっただろうね。

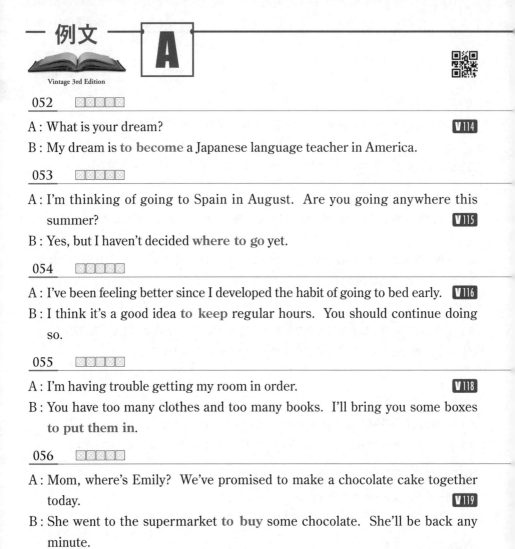

一 例文

A

Vintage 3rd Edition

052 ☒☒☒☒☒

A : What is your dream? **V 114**

B : My dream is **to become** a Japanese language teacher in America.

053 ☒☒☒☒☒

A : I'm thinking of going to Spain in August. Are you going anywhere this summer? **V 115**

B : Yes, but I haven't decided **where to go** yet.

054 ☒☒☒☒☒

A : I've been feeling better since I developed the habit of going to bed early. **V 116**

B : I think it's a good idea **to keep** regular hours. You should continue doing so.

055 ☒☒☒☒☒

A : I'm having trouble getting my room in order. **V 118**

B : You have too many clothes and too many books. I'll bring you some boxes **to put them in.**

056 ☒☒☒☒☒

A : Mom, where's Emily? We've promised to make a chocolate cake together today. **V 119**

B : She went to the supermarket **to buy** some chocolate. She'll be back any minute.

057 ☒☒☒☒☒

A : Justin lived in Italy for twenty years. **V 120**

B : No wonder he speaks Italian with ease. I was surprised **to hear** his fluent Italian.

18

052 ▢▢▢▢▢
A: あなたの夢は何ですか。
B: 私の夢はアメリカで日本語教師になることです。

053 ▢▢▢▢▢
A: 8月にスペインに行こうと思ってるの。あなたはこの夏どこかに行くの?
B: うん，でもまだどこに行くか決めてないんだ。

054 ▢▢▢▢▢
A: 早く寝る習慣をつけてから体調が良くなりました。
B: 規則正しい生活をするのはいい考えだと思います。是非続けてください。

055 ▢▢▢▢▢
A: 自分の部屋を整理するのに苦労してるんだよ。
B: 服と本がたくさんありすぎよ。それらを入れる箱をいくつか持ってきてあげるわ。

056 ▢▢▢▢▢
A: ママ，エミリーはどこ?　今日いっしょにチョコレートケーキを作る約束をしてるんだ。
B: チョコレートを買いにスーパーマーケットに行ったわよ。もうすぐ戻ってくるわよ。

057 ▢▢▢▢▢
A: ジャスティンは20年間イタリアに住んでいました。
B: どおりでイタリア語をスラスラ話すのですね。彼の流暢なイタリア語を聞いて驚きました。

A

058 ☒☒☒☒☒

A : I heard that my son often fights with other students at school. **V 129**

B : You must warn him **not to do** that again. It's important that you teach your child to follow the right path.

059 ☒☒☒☒☒

A : Mari didn't come to our club meeting yesterday. I wonder what happened.

V 130

B : I don't know. It's unusual **for her to miss** club meetings.

060 ☒☒☒☒☒

A : Lucy hasn't updated her SNSs for some time. Do you know why she hasn't?

V 133

B : I don't know for sure, but she seems **to have lost** her smartphone and hasn't bought a new one yet.

061 ☒☒☒☒☒

A : Would you like a cup of coffee? **V 137**

B : Yes, thanks. Oh, it's still **too hot** for me **to drink**! I'll have to let it cool down a little.

062 ☒☒☒☒☒

A : Why did you move from a big city to that out-of-the-way place? **V 138**

B : I was attracted to country life. Besides, I had a baby last year, and our apartment in the city was not **large enough** for three people **to live in**.

063 ☒☒☒☒☒

A : Is the next exam extremely important to you? **V 141**

B : Yes. I'm on the verge of failing the course, and everything depends on the exam. So **in order to pass** it, I'm going to study hard.

058 ☐☐☐☐☐

A: 息子が学校でほかの生徒たちとよくけんかしてるって聞いたの。

B: 彼が二度とそんなことをしないように注意しないといけないよ。子どもが正しい道を
たどるように教えるのが大切だよ。

059 ☐☐☐☐☐

A: 昨日，マリはクラブの会合に来なかったね。何かあったのかなあ。

B: わからないわ。彼女がクラブの会合に来ないなんて珍しいわよね。

060 ☐☐☐☐☐

A: ルーシーがしばらくSNSを更新してないの。なぜしてないのか知ってる？

B: はっきりとは知らないけど，スマートフォンをなくしたみたいで，まだ新しいのを買っ
てないんだよ。

061 ☐☐☐☐☐

A: コーヒーを1杯どうですか。

B: はい，ありがとうございます。おお，私が飲むにはまだ熱すぎますね！　もう少し冷
まさなければなりません。

062 ☐☐☐☐☐

A: なぜ，大都市からあんな辺鄙なところに引っ越したのですか。

B: 田舎の生活に惹きつけられました。そのうえ，去年子どもが生まれて，都会のアパー
トが3人で暮らせるほど広くなかったからです。

063 ☐☐☐☐☐

A: 次の試験は，あなたにとってそんなに大切なの？

B: うん。その授業を落第しそうだから，今度の試験にすべてがかかっているんだ。合
格するため一生懸命勉強するつもりだよ。

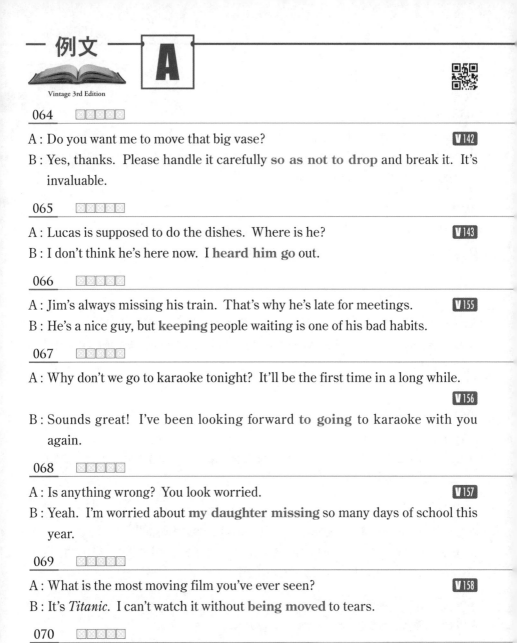

例文 A

Vintage 3rd Edition

064 ☒☒☒☒☒

A : Do you want me to move that big vase? **V142**

B : Yes, thanks. Please handle it carefully **so as not to drop** and break it. It's invaluable.

065 ☒☒☒☒☒

A : Lucas is supposed to do the dishes. Where is he? **V143**

B : I don't think he's here now. **I heard him go** out.

066 ☒☒☒☒☒

A : Jim's always missing his train. That's why he's late for meetings. **V155**

B : He's a nice guy, but **keeping** people waiting is one of his bad habits.

067 ☒☒☒☒☒

A : Why don't we go to karaoke tonight? It'll be the first time in a long while.

V156

B : Sounds great! I've been looking forward **to going** to karaoke with you again.

068 ☒☒☒☒☒

A : Is anything wrong? You look worried. **V157**

B : Yeah. I'm worried about **my daughter missing** so many days of school this year.

069 ☒☒☒☒☒

A : What is the most moving film you've ever seen? **V158**

B : It's *Titanic*. I can't watch it without **being moved** to tears.

070 ☒☒☒☒☒

A : Your grandfather looks very strong for his age. **V159**

B : Well, he played rugby for many years. He is proud of **having been** a well-known rugby player in his youth.

064 　　□□□□□

A：その大きな花瓶を動かそうか?

B：そうね, ありがとう。落として壊さないように慎重に扱ってね。とても貴重なものなの。

065 　　□□□□□

A：ルーカスが皿洗いをすることになっているの。彼はどこにいる?

B：もうここにいないと思う。彼が出かけるのが聞こえたよ。

066 　　□□□□□

A：ジムはいつも電車に乗り遅れてばかりいる。だから, 彼は会議に遅れるんだよ。

B：彼はいい人だけど, 人を待たすのが悪い癖の1つだね。

067 　　□□□□□

A：今夜, 私たちでカラオケに行くのはどう?　とても久しぶりよね。

B：いいね!　また君とカラオケに行くのを楽しみにしていたよ。

068 　　□□□□□

A：どうしたの?　君, 心配そうだね。

B：そうなの。娘が今年は何日も学校を休んでいることが心配なの。

069 　　□□□□□

A：あなたが今まで観た中で, 一番感動した映画は何ですか。

B：「タイタニック」です。観たら必ず感動して泣いてしまいます。

070 　　□□□□□

A：あなたのおじいさんは, 年齢の割に身体ががっちりしていますね。

B：実は長い間ラグビーをしていました。若い頃, 有名な選手だったことを誇りにしています。

071 ☒☒☒☒☒

A : Oregon is to the north of Washington, isn't it?　　　**V 160**

B : Actually, it's the other way around. **Not knowing** such simple geography is a little embarrassing, isn't it?

072 ☒☒☒☒☒

A : Were you lonely as a child because both your parents worked and weren't at home for much of the time?　　　**V 179**

B : Not really. Research shows that **working** parents' children tend to become mentally independent of their parents at an early age.

073 ☒☒☒☒☒

A : I heard something break. What happened?　　　**V 180**

B : I accidentally dropped a glass. Be careful. There're pieces of **broken** glass on the floor.

074 ☒☒☒☒☒

A : I really like this pineapple cake. Where did you get it?　　　**V 181**

B : My cousin **living** in Singapore sent it to me. Pineapple cakes seem to have originated in Taiwan, but I like the ones from Singapore more than those from Taiwan.

075 ☒☒☒☒☒

A : How did you learn to speak German so well?　　　**V 182**

B : Well, I listen to German radio programs, watch German TV shows, and read articles and books **written** in German.

076 ☒☒☒☒☒

A : Who is in charge here?　　　**V.183**

B : A man **named** Hamada is in charge here. But he doesn't care for formalities, so everybody calls him Hamachan.

071 ▢▢▢▢▢

A：オレゴンはワシントンの北側にあるよね？

B：いいえ，逆ですよ。こういう単純な地理を知らないのはちょっと恥ずかしくない？

072 ▢▢▢▢▢

A：子どもとしては，両親が働いていてあまり家にいなかったことを寂しく思っていた？

B：そんなことはないよ。調査によると，親が働いている子どもは，幼い年齢で親から精神的に自立する傾向があるらしいよ。

073 ▢▢▢▢▢

A：何か壊れる音が聞こえたよ。何があったんだろう？

B：私がうっかりコップを落としたの。気を付けて。壊れたガラスの破片が床に落ちているから。

074 ▢▢▢▢▢

A：このパイナップルケーキはとても美味しいですね。どこで買いましたか。

B：シンガポールに住むいとこが送ってくれました。パイナップルケーキは元々台湾で始まったそうですが，私はシンガポールのものの方が台湾のものより好きです。

075 ▢▢▢▢▢

A：どうやって，そんなに上手にドイツ語を話せるようになったのですか。

B：そうですね，ドイツのラジオ番組を聞いたり，ドイツのテレビ番組を見たり，ドイツ語で書かれた記事や本を読んだりしています。

076 ▢▢▢▢▢

A：ここの責任者は誰ですか。

B：ハマダという男性がここの責任者ですが，彼は堅苦しいのが嫌いなので，みんなハマちゃんと呼んでいます。

077 ☒☒☒☒☒

A : I heard your son got out of the hospital recently. How is he? **V189**

B : He has completely recovered. We're really happy to **see him playing** outside with his friends again.

078 ☒☒☒☒☒

A : You don't look so well. What's the matter? **V190**

B : I **saw a dog hit** by a car. It was a terrible sight.

079 ☒☒☒☒☒

A : You said your brother would meet us in the park. Where is he? **V194**

B : Over there. He's the one wearing sunglasses, **standing** near the big tree.

080 ☒☒☒☒☒

A : My computer isn't working. Could you take a look at it? **V195**

B : **Not knowing** much about computers, I can't really help you. Sorry.

081 ☒☒☒☒☒

A : You seem very calm when you speak in public. **V203**

B : Actually, I get nervous **with many people watching** me.

082 ☒☒☒☒☒

A : Is Microsoft Word already installed on this new computer? **V204**

B : No. It comes **with no word-processing software installed**. You have to buy the software separately.

083 ☒☒☒☒☒

A : I have a legal problem. Do you know anybody who knows a lot about legal matters? **V205**

B : Why don't you ask Chika to help you? She has a brother **who** is a lawyer.

例文
A

例文
B

077 ▢▢▢▢▢

A：息子さんが最近退院したと聞きました。具合はどうですか。

B：すっかり良くなりました。また友だちと外で遊んでいるのを見て，本当にうれしいです。

078 ▢▢▢▢▢

A：あまり元気でなさそうだね。どうしたの？

B：犬が車にはねられるのを目撃したんだ。とても悲惨な光景だったよ。

079 ▢▢▢▢▢

A：あなたは，お兄さんが私たちと公園で会うと言っていたよね。彼はどこ？

B：あそこだよ。サングラスをかけて，大きな木の近くに立っているのが彼だよ。

080 ▢▢▢▢▢

A：パソコンが動いていないな。ちょっと見てもらえる？

B：あまりパソコンに詳しくないから，お役に立てないよ。ごめん。

081 ▢▢▢▢▢

A：あなたは人前で話すとき，とても落ち着いているように見えますね。

B：本当は，たくさんの人に見られていると緊張します。

082 ▢▢▢▢▢

A：マイクロソフトのワードは，この新しいパソコンにすでにインストールされていますか。

B：いいえ。ワープロソフトはインストールされていません。別途，ソフトを買う必要があります。

083 ▢▢▢▢▢

A：私は法律問題を抱えているんだ。誰か法律関係に詳しい人いない？

B：チカに助けを求めてみてはどう？　彼女には弁護士のお兄さん［弟さん］がいるよ。

084 ☒☒☒☒☒

A : What do I need to get a discount?　**V 206**

B : You need an ID **which** proves you are a student.　Otherwise, you can't get one.

085 ☒☒☒☒☒

A : What does success depend on?　**V 207**

B : It depends not on the people **whom** you know but on your own efforts and sincerity.

086 ☒☒☒☒☒

A : I think we should extend the meeting by an hour.　**V 208**

B : I agree.　This topic is an important issue **which** we have to discuss in detail.

087 ☒☒☒☒☒

A : You read a lot of books.　Could you recommend a good novel in English?　**V 209**

B : I think **the mystery novel I read** last month is perfect for you.　I'll lend you my copy.

088 ☒☒☒☒☒

A : What kind of person is our boss looking for now?　**V 210**

B : She's looking for an interpreter **whose first language** is Chinese.　If the person knows some Korean, so much the better.

089 ☒☒☒☒☒

A : Why do people visit New Zealand?　**V 211**

B : They want to see the natural beauty there.　New Zealand is a country **whose beautiful scenery** impresses anyone lucky enough to see it firsthand.

090 ☒☒☒☒☒

A : Is the party going to be held in this room?　**V 215**

B : No.　It's too small and not suitable for a party.　I've found a good room **where** we can have the party.

---

084 ☐☐☐☐☐

A：割引を適用されるには，何が必要ですか。

B：あなたが学生であることを証明する身分証明書が必要です。そうでなければ割引を
受けることはできません。

085 ☐☐☐☐☐

A：成功は，何によって決まるのでしょうか。

B：それはあなたが知っている人々ではなく，あなた自身の努力と誠実さで決まります。

086 ☐☐☐☐☐

A：私たちは会議を1時間延長した方がいいと思います。

B：賛成です。このテーマは詳しく話し合う必要がある重要な争点ですから。

087 ☐☐☐☐☐

A：あなたは本をたくさん読んでますね。何か英語の小説でお勧めはありませんか。

B：先月読んだミステリー小説が，あなたにちょうどいいと思います。私の本を貸してあ
げましょう。

088 ☐☐☐☐☐

A：上司は今どのような人材を探しているのですか。

B：中国語が第一言語の通訳を探しています。その人が韓国語も多少知っていたら，な
おさら好都合です。

089 ☐☐☐☐☐

A：なぜ人々はニュージーランドを訪れるのですか。

B：そこにある美しい自然を見たいからです。ニュージーランドは，幸運にもそれを目の
当たりにした誰もが感動する美しい風景がある国です。

090 ☐☐☐☐☐

A：パーティーはこの部屋で開かれるの？

B：違うよ。ここは狭すぎてパーティーには向かないね。パーティーを開けるいい部屋を
見つけたよ。

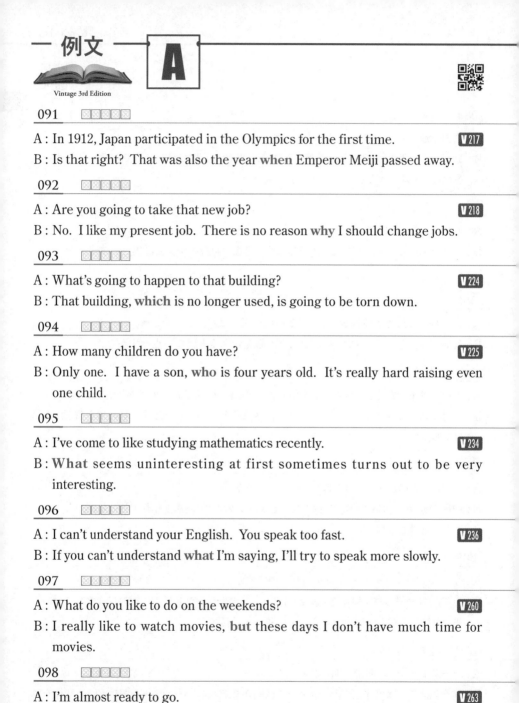

例文 — A

Vintage 3rd Edition

091 ☒☒☒☒☒

A : In 1912, Japan participated in the Olympics for the first time. **V 217**

B : Is that right? That was also the year **when** Emperor Meiji passed away.

092 ☒☒☒☒☒

A : Are you going to take that new job? **V 218**

B : No. I like my present job. There is no reason **why** I should change jobs.

093 ☒☒☒☒☒

A : What's going to happen to that building? **V 224**

B : That building, **which** is no longer used, is going to be torn down.

094 ☒☒☒☒☒

A : How many children do you have? **V 225**

B : Only one. I have a son, **who** is four years old. It's really hard raising even one child.

095 ☒☒☒☒☒

A : I've come to like studying mathematics recently. **V 234**

B : **What** seems uninteresting at first sometimes turns out to be very interesting.

096 ☒☒☒☒☒

A : I can't understand your English. You speak too fast. **V 236**

B : If you can't understand **what** I'm saying, I'll try to speak more slowly.

097 ☒☒☒☒☒

A : What do you like to do on the weekends? **V 260**

B : I really like to watch movies, **but** these days I don't have much time for movies.

098 ☒☒☒☒☒

A : I'm almost ready to go. **V 263**

B : Hurry up, **or** we'll miss our train.

091 ☒☒☒☒☒

A : 1912 年，日本は初めてオリンピックに参加しました。

B : そうなんですか。それは明治天皇が亡くなった年でもありますね。

092 ☒☒☒☒☒

A : あなたは，あの新しい仕事をするつもりなの？

B : いいや。今の仕事が好きなんだ。転職するべき理由がないんだよね。

093 ☒☒☒☒☒

A : あの建物はどうなりますか。

B : あの建物は，現在はもう使われておらず，解体されることになっています。

094 ☒☒☒☒☒

A : お子さんは何人ですか。

B : 1 人だけです。息子で 4 歳です。1 人だけでも育てるのは本当に大変です。

095 ☒☒☒☒☒

A : 最近，数学を学ぶのが楽しくなってきたよ。

B : 最初退屈に思えることが，とても興味深くなることもあるからね。

096 ☒☒☒☒☒

A : あなたの英語がわからない。話すのが早すぎるよ。

B : 私の言っていることがわからないなら，もっとゆっくり話すようにするね。

097 ☒☒☒☒☒

A : 週末には何をするのが好き？

B : 私は映画を観るのが大好きだけど，最近は映画の時間があまりないんだ。

098 ☒☒☒☒☒

A : もうすぐ出かける準備ができるよ。

B : 急いで，さもないと電車に遅れるよ。

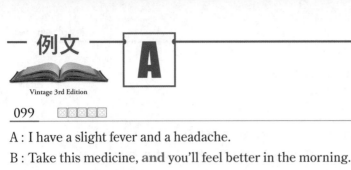

099 ☒☒☒☒☒

A : I have a slight fever and a headache.　　　　　　**V 264**

B : Take this medicine, **and** you'll feel better in the morning.

100 ☒☒☒☒☒

A : I saw a bear catching a salmon in a river on TV.　Are salmon freshwater
fish?　　　　　　**V 265**

B : Yes, but they can live in **both** fresh **and** sea water.　According to a book I
read, this type of fish includes eels and *ayu*.

101 ☒☒☒☒☒

A : It was considerate of you to help me at today's meeting.　I'll phone you later
about the next meeting.　　　　　　**V 266**

B : Contact me **not** by phone **but** by e-mail.　Sometimes I don't notice my phone
ringing.

102 ☒☒☒☒☒

A : I've put on a little weight.　I'm thinking of going on a diet.　　**V 267**

B : If you really want to lose weight, you should **not only** go on a diet **but also**
start exercising.

103 ☒☒☒☒☒

A : This refrigerator is the latest model and is very economical.　Are you going
to buy it?　　　　　　**V 270**

B : I want to, but the only problem is **that** it is a little too big for my kitchen.

104 ☒☒☒☒☒

A : Are you ready for a major earthquake?　　　　　　**V 271**

B : Yes, I am because there's a possibility **that** a major earthquake will hit Japan
sometime soon.

099 ☒☒☒☒☒

A：私は微熱があって頭痛がします。

B：この薬を飲めば，朝には元気になりますよ。

100 ☒☒☒☒☒

A：熊が川で鮭を捕まえているのをテレビで見ました。鮭は淡水魚ですか。

B：そうなのですが，淡水と海水どちらでも生きていけます。私が読んだ本によると，こういう種類の魚にはうなぎや鮎もいるそうです。

101 ☒☒☒☒☒

A：今日の会議で助けていただき，とても感謝しています。次の会議について，またあとでお電話します。

B：私への連絡は電話ではなくメールでお願いします。時々，電話が鳴っているのに気づかないんです。

102 ☒☒☒☒☒

A：私，体重が少し増えたのよ。ダイエットしようと思っているの。

B：本当に体重を減らしたかったら，ダイエットをするだけではなく，運動も始めた方がいいよ。

103 ☒☒☒☒☒

A：この冷蔵庫は最新の機種でとても経済的だよ。あなたはこれを買うの？

B：そうしたいんだけど，問題はうちの台所にはちょっと大きすぎるのよ。

104 ☒☒☒☒☒

A：大地震への備えはできていますか。

B：はい，できています。なぜなら近いうちに日本で大地震が起きる可能性があるからです。

105 ☒☒☒☒☒

A : Why didn't you make it to your appointment? `V 276`

B : **When** I looked at the timetable, I realized that the train had already left the station three minutes before. It was my fault. I had misunderstood the starting time.

106 ☒☒☒☒☒

A : Where do you live now? `V 277`

B : In Sendai. About five years have passed **since** I moved there.

107 ☒☒☒☒☒

A : When are you returning to France? `V 278`

B : Next week. If possible, I'd like to see you again **before** I leave.

108 ☒☒☒☒☒

A : I think I'm going to be a little late for the meeting. `V 281`

B : Don't worry. We'll wait **until** you come to start the meeting.

109 ☒☒☒☒☒

A : Could you tell me your cell phone number? `V 282`

B : Actually, I'm going to get a new cell phone **by the time** we meet next week. I'll tell you the new number then.

110 ☒☒☒☒☒

A : When did you hear about that terrorist attack? `V 283`

B : **As soon as** I got home, I turned on the TV and saw it on the news.

111 ☒☒☒☒☒

A : Today's a holiday. What shall we do? `V 288`

B : **Since** the weather's nice, why don't we rent a car and go for a drive?

例文 A

105 ☐☐☐☐☐

A：どうして約束の時間に間に合わなかったの？

B：時刻表を見たら，電車がすでに3分前に駅を出たことに気づいたんだ。うっかりして いたんだよ。出る時間を間違えていたんだ。

106 ☐☐☐☐☐

A：今はどこに住んでいるの？

B：仙台だよ。引っ越してから5年ほど経ったよ。

107 ☐☐☐☐☐

A：フランスにはいつ帰るの？

B：来週に。もしできたら，出発前にもう一度あなたに会いたいな。

108 ☐☐☐☐☐

A：私は会議にちょっと遅れると思います。

B：心配ありません。私たちはあなたが来るのを待ってから会議を始めます。

109 ☐☐☐☐☐

A：携帯番号を教えてもらえませんか。

B：実は，来週会うまでに新しい携帯を買うつもりでいます。その時に新しい番号を伝え ます。

110 ☐☐☐☐☐

A：あのテロ攻撃については，いつ聞きましたか。

B：帰宅してすぐに，テレビをつけてニュースで見ました。

111 ☐☐☐☐☐

A：今日は祝日だね。何をしようか？

B：お天気もいいから，レンタカーを借りてドライブに行かない？

112 ☒☒☒☒☒

A : How is your report going? Are you making good progress? **V 289**

B : Yes, I am. I've been working on it in the library **because** I need to use the reference books there.

113 ☒☒☒☒☒

A : Do you think many people will come to the meeting on Saturday? **V 293**

B : No. Only a few people will attend it **unless** it's held on a weekday.

114 ☒☒☒☒☒

A : Do you eat out a lot? **V 301**

B : Yes. I'm too busy to cook for myself, **although** I know by doing so I can save money.

115 ☒☒☒☒☒

A : Do you like to go to the movies? **V 306**

B : No. The seats in movie theaters are **so** narrow **that** I can't really relax. I prefer to watch movies at home.

116 ☒☒☒☒☒

A : Do you recommend that I read that book? **V 307**

B : Yes, I do. It's **such** an interesting book **that** everyone should read it. I'm sure you'll enjoy it.

117 ☒☒☒☒☒

A : Why are you working so hard? **V 310**

B : I'm saving money **so that** I **can** go to Hawaii.

A : Hawaii? I want to go there someday, too.

118 ☒☒☒☒☒

A : Did anyone call me this morning? **V 316**

B : Yes, there were several calls for you **while** you were out.

112　□□□□□

A：君のレポートはどう？　順調に進んでいる？

B：うん，そうだね。そこの参考図書が必要でずっと図書館で取り組んでいたんだ。

113　□□□□□

A：土曜の会議に大勢の人が来ると思いますか。

B：いいえ。平日に開かれるのでなければ，数人しか出席しないでしょう。

114　□□□□□

A：よく外食します？

B：はい。忙しすぎて自炊できません。自炊する方がお金の節約になるのはわかっているのですが。

115　□□□□□

A：あなたは，映画を観に行くのは好き？

B：いいえ。映画館の座席は狭すぎて，あまり落ち着かないわ。私は自宅で映画を観る方がいいの。

116　□□□□□

A：あの本は読んだ方がいいと思う？

B：うん，そう思うよ。とても興味深い本だから，誰もが読んだ方がいいよ。きっと君も楽しめると思う。

117　□□□□□

A：どうしてそんなに一生懸命に働いているの？

B：ハワイに行けるようお金を貯めているんだ。

A：ハワイ？　私もいつか行きたいな。

118　□□□□□

A：今朝，誰か私に電話をかけてきました？

B：はい，あなたの外出中に数件電話がありました。

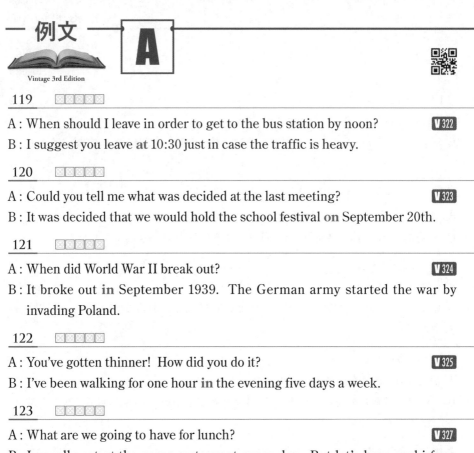

例文 A

Vintage 3rd Edition

119 ☒☒☒☒☒

A : When should I leave in order to get to the bus station by noon?　V 322

B : I suggest you leave **at** 10:30 just in case the traffic is heavy.

120 ☒☒☒☒☒

A : Could you tell me what was decided at the last meeting?　V 323

B : It was decided that we would hold the school festival **on** September 20th.

121 ☒☒☒☒☒

A : When did World War II break out?　V 324

B : It broke out **in** September 1939. The German army started the war by invading Poland.

122 ☒☒☒☒☒

A : You've gotten thinner! How did you do it?　V 325

B : I've been walking for one hour **in** the evening five days a week.

123 ☒☒☒☒☒

A : What are we going to have for lunch?　V 327

B : I usually eat **at** the same restaurant every day. But let's have sushi for a change. There's a nice sushi bar near here.

124 ☒☒☒☒☒

A : Where do you live?　V 328

B : I live **in** Nagoya. It's a big city, but prices there aren't too high. It's a comfortable place to live.

125 ☒☒☒☒☒

A : What has happened to you? You seem to be in low spirits.　V 329

B : I spilt coffee **on** my favorite skirt. My late grandmother made it for me.

119 ☐☐☐☐☐

A：正午までにバス停に着くには，何時に出発したらいい？

B：渋滞に備えて，10 時半に出ることを勧めるよ。

120 ☐☐☐☐☐

A：前回の会議で何が決まったか教えてもらえますか。

B：9 月 20 日に学園祭を開催することが決まりました。

121 ☐☐☐☐☐

A：第二次世界大戦はいつ起こりましたか。

B：1939 年 9 月に勃発しました。ドイツ軍がポーランドに侵攻して始まったのです。

122 ☐☐☐☐☐

A：あなた，前より痩せたね！　どうやって痩せたの？

B：週 5 日，夕方に 1 時間歩いているんだ。

123 ☐☐☐☐☐

A：お昼は何を食べる？

B：たいてい同じレストランで毎日食べているけど，たまにはお寿司を食べようよ。この
　近くにうまい寿司屋があるんだ。

124 ☐☐☐☐☐

A：お住まいはどちらですか。

B：名古屋です。大都市ですが物価はあまり高くありません。住むのに快適な場所です。

125 ☐☐☐☐☐

A：どうしたの？　元気がないようだね。

B：お気に入りのスカートにコーヒーをこぼしたの。亡くなった祖母が私に作ってくれたも
　のなのよ。

126 ☒☒☒☒☒

A : We have to go to the supermarket to get some milk. How late is it open? **V 334**

B : It's open **until** eleven, so we still have time to get there before it closes.

127 ☒☒☒☒☒

A : What time do we have to be at the airport? **V 335**

B : We have to be there **by** 8 am, so I think we should leave now.

128 ☒☒☒☒☒

A : I lived in France for about fifteen years. **V 341**

B : Now I know why you speak French **like** a native speaker. I really envy you.

129 ☒☒☒☒☒

A : What do you do in order not to catch the flu? **V 345**

B : I gargle, wash my hands well **with** soap and water, and wear a mask.

130 ☒☒☒☒☒

A : How can I get to Asakusa? **V 346**

B : If you want to go there as fast as possible, you should go **by** subway. If you want to take in the sights, you should go **by** water-bus.

131 ☒☒☒☒☒

A : Those students are really making a lot of noise. **V 348**

B : Yeah. It's impossible to think **with** the room so noisy.

132 ☒☒☒☒☒

A : Has Sophia found a new job yet? **V 357**

B : No. **Despite** applying for dozens of jobs, she is still out of work. This is making her feel depressed and frustrated.

126 ☐☐☐☐☐

A : 牛乳を買いにスーパーへ行かなくちゃ。何時まで営業してるかな?

B : 11 時まで営業しているから，閉店前には間に合いそうだね。

127 ☐☐☐☐☐

A : 私たちは，何時に空港へ行かなければならないの?

B : 午前 8 時までには着いていないといけないから，すぐに出発した方がいいと思う。

128 ☐☐☐☐☐

A : 私はフランスに約 15 年住んでいました。

B : あなたがどうしてネイティブのようにフランス語を話すのか，やっとわかりました。とてもうらやましいです。

129 ☐☐☐☐☐

A : インフルエンザにかからないように，どんなことをしてる?

B : うがいをして，石けんと水でよく手を洗って，そしてマスクをしてるよ。

130 ☐☐☐☐☐

A : 浅草へはどうやったら行けますか。

B : できるだけ早く行きたいなら，地下鉄で行くのがいいです。もし観光をしながら行きたいなら，水上バスで行くのがいいですよ。

131 ☐☐☐☐☐

A : あの生徒たちは，本当にうるさいわ。

B : 本当だね。こんなにうるさい部屋では何も考えられないよ。

132 ☐☐☐☐☐

A : ソフィアはもう新しい仕事を見つけましたか。

B : いいえ。何十もの仕事に応募したにもかかわらず，まだ無職です。そのせいで，彼女は落ち込んでイライラしています。

A

133

A : How did you learn to type so fast?　　　　　　　　　**V 374**

B : I'm nothing special.　Quite a few people can type **as** fast **as** me.　With a little practice, you can do it too.

134

A : Which sweatshirt suits me, the white one or the navy one?　　　**V 375**

B : You look **as** good in white **as** in navy.　If I had to choose, I would choose the white one because it goes best with your pants.

135

A : Have you read that new spy novel?　It's really selling well.　　**V 376**

B : I read it, but it was **not as** exciting **as** I had expected.　In fact, it was a little boring.

136

A : How high is Tokyo Skytree?　　　　　　　　　　　**V 378**

B : It's 634 meters high.　It's about **twice as** high **as** Tokyo Tower.　And the view from the top is really spectacular.

137

A : What is the population of India?　　　　　　　　　**V 379**

B : It's more than 1.3 billion.　That means it's more than **ten times as** large **as** that of Japan.

138

A : Are you particular about the food you eat every day?　　　**V 384**

B : No, not really, but I do try to have **as** many balanced meals **as possible**.　Some people have very unhealthy diets.

133　☐☐☐☐☐

A：どうやって，そんなに速くタイピングできるようになりましたか。

B：私が特別なわけではありません。私と同じくらい速くタイプできる人は結構いますよ。少し練習すれば，あなたにもできますよ。

134　☐☐☐☐☐

A：どちらのトレーナーが私に似合うかな。白いのかな，紺色のかな？

B：紺も白も同じくらい似合うわ。強いて選ぶとすれば白い方ね。あなたのズボンにもよく合うから。

135　☐☐☐☐☐

A：あの新しいスパイ小説は読んだ？　とてもよく売れているんだよ。

B：読んだけど，期待していたほど面白くなかった。それどころか，ちょっと退屈だったよ。

136　☐☐☐☐☐

A：東京スカイツリーの高さはどのくらい？

B：634メートルよ。東京タワーの倍くらいあるの。だから，一番上からの眺めは本当に壮観よ。

137　☐☐☐☐☐

A：インドの人口はどのくらい？

B：13億人以上いるよ。つまり日本の10倍以上ってことだね。

138　☐☐☐☐☐

A：あなたは，毎日口にする食べ物についてこだわりがありますか？

B：いえ，そうでもありませんが，なるべくバランスの取れた食事を多く取るようにしています。ひどく不健康な食生活の人もいますね。

139 ☒☒☒☒☒

A : When is our next club meeting?　**V 385**

B : I'll check the date and let you know **as** soon **as I can**. There's a good chance it will be postponed a week or two.

140 ☒☒☒☒☒

A : Shota's spoken English has really improved, hasn't it?　**V 394**

B : Yes, he is **much better** at speaking English **than** he used to be. I heard that he's going to an English conversation school.

141 ☒☒☒☒☒

A : I like this computer, but it must be very expensive.　**V 395**

B : It's not as expensive as it looks. If anything, it's **less expensive than** those other computers. It's an excellent computer.

142 ☒☒☒☒☒

A : Why did you walk out in the middle of the movie?　**V 399**

B : Because it was so boring. **The longer** I watched it, **the sleepier** I got.

143 ☒☒☒☒☒

A : You're always reading. You really like books, don't you?　**V 400**

B : Yes. **The more books** I read, **the more chances** I have to broaden my horizons.

144 ☒☒☒☒☒

A : How many times a year do you go abroad?　**V 403**

B : I go abroad **more than** ten times a year. I love to see and experience different cultures.

145 ☒☒☒☒☒

A : How long does it take to go from here to Kyoto by bus?　**V 404**

B : It takes **less than** two hours. The bus trip is pleasant and the scenery along the way is quite nice.

139 ☒☒☒☒☒

A：次回のクラブの会合はいつですか。

B：日程を確認して，できるだけ早く連絡します。1, 2 週延期になる可能性も十分あります。

140 ☒☒☒☒☒

A：ショウタは英語を話すのが本当に上達したと思わない？

B：そうだね，彼は以前よりはるかに英語を話すのが上手になった。彼は英会話学校に
通っていると聞いたよ。

141 ☒☒☒☒☒

A：私はこのパソコンが気に入ったけど，とても高いんでしょうね。

B：これは見かけほど高くないよ。むしろ，他のパソコンに比べたら安いよ。これはとて
も優れたパソコンなんだ。

142 ☒☒☒☒☒

A：どうして上映中に席を立ったの？

B：だって，ひどく退屈だったんだ。長く見れば見るほど，眠くなってきたよ。

143 ☒☒☒☒☒

A：あなたはいつも本を読んでいるね。本当に読書が好きなのね。

B：そうだね。本をたくさん読めば読むほど，自分の視野を広げる機会も増えるんだ。

144 ☒☒☒☒☒

A：1 年に何回海外に行きますか。

B：1 年に 10 回以上海外に行きます。異文化を見て体験するのが大好きです。

145 ☒☒☒☒☒

A：ここから京都までバスで行くには，どのくらい時間がかかりますか。

B：2 時間もかかりません。バスの旅は快適で，道中の風景も素晴らしいですよ。

146 ☒☒☒☒☒

A: Is the Caspian Sea a sea or a lake? **V 417**

B: It was once **the largest** lake **in** the world. Since 2018, however, it has been regarded as a sea under an international agreement.

147 ☒☒☒☒☒

A: Are you content with your present life? **V 439**

B: Well, there **are** a few **things** I would like to change, but in general I'm satisfied with my present life.

148 ☒☒☒☒☒

A: How does a computer do all those difficult tasks? **V 448**

B: I've thought about that, too. It remains a mystery to me **how** computers work.

149 ☒☒☒☒☒

A: That mountain bike you want is very expensive. **V 449**

B: I don't care **how much** it costs. I'm going to buy it somehow or other.

150 ☒☒☒☒☒

A: Have you made up your mind where you're going on vacation? **V 452**

B: We've decided to go to Australia, but haven't decided **how long** we'll stay there.

151 ☒☒☒☒☒

A: Several of our classmates are studying English in America this summer. Have you heard from any of them? **V 454**

B: No, I haven't. I wonder **how they're** getting on.

152 ☒☒☒☒☒

A: What time shall I pick you up to go to the soccer match? **V 507**

B: I would appreciate it if you could **pick me up** at around 11:00 am.

146　☐☐☐☐☐

A：カスピ海は，海ですか，それとも湖ですか。

B：かつて世界最大の湖だったこともあります。しかし，2018年から国際協定で海として
　みなされています。

147　☐☐☐☐☐

A：あなたは，自分の今の人生に満足していますか。

B：そうですね，いくつか変えたいことはありますが，概して今の自分の生活に満足して
　います。

148　☐☐☐☐☐

A：コンピュータはそうしたすべての難しい作業をどうやってこなすのですか。

B：私もそれは考えたことがあります。コンピュータがどう動くのか，私には謎のままです。

149　☐☐☐☐☐

A：あなたが欲しいマウンテンバイクはとても高いね。

B：いくらかかっても構わない。何とかして買うんだ。

150　☐☐☐☐☐

A：休暇にどこへ行くか決めた？

B：オーストラリアに行くことにしたけど，どのくらい滞在するかは決めてないんだ。

151　☐☐☐☐☐

A：私たちの同級生数人が，この夏アメリカで英語を勉強しているよね。誰かから連絡あっ
　た？

B：ないわよ。どうしているのかしら？

152　☐☐☐☐☐

A：サッカーの試合に行くのに何時に迎えに行ったらいいですか。

B：午前11時頃に迎えに来ていただけるとうれしいです。

Vintage 3rd Edition

001　☒☒☒☒☒

A : Do you usually take the train to work?

B : No. I **drive** to work.

002　☒☒☒☒☒

A : Do you think it's bad for old people to drive a car?

B : No, but my grandmother **caused** a minor car accident in January.　Personally, I don't want her to drive anymore.

003　☒☒☒☒☒

A : I'm worried about the math test today.

B : I know you studied hard.　I think you **will do** well on it.

004　☒☒☒☒☒

A : I thought you were going to study, but you're just playing with your phone.

B : No, **I'm searching** for websites related to what I need to study.

005　☒☒☒☒☒

A : Why didn't you reply to my text message yesterday?

B : Sorry, I **was doing** some seriously important work when you texted me.

001 ☐☐☐☐☐

A：ふだん電車に乗って仕事に行きますか。
B：いいえ。車に乗って行きます。

☐ **drive**「車を運転する」
＊ 意味的に目的語を含む自動詞
cf. smoke「煙草を吸う」, drink「酒を飲む」, read「本を読む」など

002 ☐☐☐☐☐

A：高齢者が車を運転するのはよくないと思いますか。
B：いいえ，でも1月に私の祖母が小さな自動車事故を起こしました。個人的には祖母にもう運転してほしくないです。

☐ **cause an accident**「事故を起こす」
☐ **personally**「〈文修飾〉個人的には」

003 ☐☐☐☐☐

A：今日の数学のテストが心配なの。
B：君が一生懸命勉強したのは知ってるよ。テストの出来はいいと思うよ。

☐ **do well on A**「A（テストなど）でよい成績をとる」

004 ☐☐☐☐☐

A：勉強するつもりなのかと思ってたけど，スマホでただ遊んでるだけなのね。
B：違うよ，勉強するのに必要なことに関係があるサイトを探しているんだよ。

☐ **search for A**「A（人・もの）を探す」
＊ A は探している対象
cf. **search A**「A（場所など）を探す」
＊ A は探している場所

005 ☐☐☐☐☐

A：なんで昨日，私のメッセージに返事しなかったの？
B：ごめん，君がメッセージを送ったとき，すごく重要な仕事をしてたんだよ。

☐ **reply to A**「A（メールなど）に返事をする」
☐ **text message**「テキストメッセージ／携帯電話のメール」
☐ **text A**「A（人）に携帯電話でメールを送る」

例文 **B**

Vintage 3rd Edition

<u>006</u> ☒☒☒☒☒

A : Why did you buy such a big suitcase?

B : **I'm traveling** around Europe for a couple of weeks next summer.

<u>007</u> ☒☒☒☒☒

A : Don't let any more stray cats in, okay? There were three inside when I got home yesterday.

B : Then, I should probably tell you that **I've** already **let** some more in since yesterday.

<u>008</u> ☒☒☒☒☒

A : Did you go to see a movie with Yui on Sunday?

B : No, I didn't. The movie she wanted to see was one I **had seen** before. So we went to the amusement park instead.

<u>009</u> ☒☒☒☒☒

A : When are you planning to finish this report?

B : **I'll have finished** it by the start of next week. I need to make sure there aren't any errors.

<u>010</u> ☒☒☒☒☒

A : How do you know so much about this city?

B : I **lived** here for four years **in the 2000s.**

例文
A

例文
B

---

006 ▢▢▢▢▢

A: なんであなたはそんな大きなスーツケースを買ったの?

B: 今度の夏に2, 3週間ヨーロッパを旅して回る予定なんだ。

☐ **a couple of A**「2, 3のA／いくつかのA」

---

007 ▢▢▢▢▢

A: これ以上ノラ猫を家に入れないでね, いい?　昨日, 家に帰ったら3匹家の中にいたわよ。

B: じゃあ, 昨日からさらにもう何匹かすでに家に入れたことをたぶん君に伝えておくべきだね。

☐ **let A in**「Aを中に入れる」

---

008 ▢▢▢▢▢

A: 日曜日にユイと映画を見に行ったの?

B: いや, 行ってないよ。彼女が見たかった映画は, ぼくが前に見たやつだったんだ。だから, 代わりに遊園地に行ったよ。

☐ **go to see a movie**「映画を見に行く」(= go to the movies)
* go to a movie や go to movies という言い方もする。
☐ **instead【副詞】**「その代わりに」

---

009 ▢▢▢▢▢

A: いつこのレポートを書き終えるつもりですか。

B: 来週の始まりまでには書き終えているでしょう。ミスがないよう確認する必要があります。

☐ **make sure (that) SV**「…ということを確かめる／必ず…であるようにする」

---

010 ▢▢▢▢▢

A: この都市についてどうしてそんなにたくさん知っているのですか。

B: 2000年代に4年間ここに住んでいたんです。

☐ **in the+ 西暦s**「…年代に」
cf. in the 1960s「1960年代に」

例文

Vintage 3rd Edition

B

---

011 ☒☒☒☒☒

A : Hey! What have you been doing with yourself recently?

B : **I've been writing** songs for the school concert. I think they're actually pretty good.

---

012 ☒☒☒☒☒

A : This girl group is awesome!

B : You can say that again! **I've liked** them since their debut.

---

013 ☒☒☒☒☒

A : What a mess your room is! Mom will be angry when she sees it.

B : I'll clean up my room quick **before** she **gets** back.

---

014 ☒☒☒☒☒

A : The event has been moved back from July 18 to July 23. Please tell Hiroto about it.

B : I'll tell him **when** I **see** him again.

---

015 ☒☒☒☒☒

A : I think I'll go for a walk because I haven't gone outside yet today.

B : **If** you **pass** by the supermarket, buy a carton of eggs for me, please.

011　☐☐☐☐☐

A : やあ！　最近どうしていたんだい？

B : 学校の音楽会のための曲を書いてたの。それらの曲は本当にかなりいい出来だと思うわ。

☐ **pretty good**「かなりよい」
* 副詞の pretty は very よりは強めの度合いが低い。

012　☐☐☐☐☐

A : この女性グループは最高よね！

B : まったくの同感だよ！　ぼくはデビュー以来，彼女たちを好きなんだよ。

☐ **You can say that again!**「まったくそのとおりだ」

013　☐☐☐☐☐

A : あなたの部屋はなんて散らかってるの！　お母さんが見たら怒るわよ。

B : お母さんが帰ってくる前に急いで掃除するよ。

☐ **What a mess!**「なんて散らかっているの」
* a mess は具体的に散らかっている状態を指す。
☐ **get back**「（家・職場などに）戻る／帰る」（= return）

014　☐☐☐☐☐

A : そのイベントは7月18日から7月23日にずれ込むことになったんだ。ヒロに伝えといてよ。

B : 今度彼に会ったら伝えとくわ。

☐ **move ... back from A to B**「…を A（日・時刻）から B（日・時刻）に遅らせる」
* ここでは受動態の ... is moved back from A to B という形になっている。

015　☐☐☐☐☐

A : 今日はまだ外に出てないから，散歩に行こうと思うんだ。

B : もしスーパーマーケットを通りかかったら，卵1パック買ってきてよ，お願いね。

☐ **go for a walk**「散歩に行く」
cf. **go for a swim/ride/drink**「泳ぎ／ドライブ／飲みに行く」
☐ **pass by A**「A のそばを通る」

Vintage 3rd Edition

016 ☒☒☒☒☒

A : Linda has two children, doesn't she?

B : Yes, but **she's going to have** three children soon. **She's going to have** another baby next month.

017 ☒☒☒☒☒

A : The Empire State Building is a historic building, isn't it?

B : Yes. It **was built** in 1931 and has been featured in movies several times since.

018 ☒☒☒☒☒

A : Your car always looks so clean.

B : I see that **it's kept clean** because I spend so much time in it every day.

019 ☒☒☒☒☒

A : Did you know that the Statue of Liberty wasn't made in the U.S.?

B : **Where was** it **made**?

A : In France. It was presented to the U.S. as a token of their friendship.

020 ☒☒☒☒☒

A : There are so many problems we need to fix to improve our product. Let's each tackle one of them.

B : No, the problems **should be solved** one at a time as a team.

016 ☐☐☐☐☐

A : リンダは子どもが二人いるのよね？

B : そうだよ，でも彼女はすぐに子どもが三人になるよ。来月，もうひとり赤ちゃんが生まれるんだ。

☐ **have a baby**「子どもを生む／赤ちゃんが生まれる」

017 ☐☐☐☐☐

A : エンパイア・ステート・ビルディングは歴史のある建物ですよね？

B : はい。1931 年に建てられて，それ以来何度か映画に登場しています。

☐ **be featured in A**「A（映画など）に登場 [出演] する」
☐ **since【副詞】**「それ以来（ずっと）」

018 ☐☐☐☐☐

A : あなたの車はいつもとてもきれいね。

B : 毎日，この中でとても多くの時間を過ごすから，きれいにしておくように気をつけてるんだ。

☐ **see (to it) that SV**「…するように取り計らう／…するよう気をつける」

019 ☐☐☐☐☐

A : 自由の女神像はアメリカで作られたんじゃないって知ってた？

B : どこで作られたの？

A : フランスだよ。友好のしるしとして，アメリカに贈呈されたんだ。

☐ **present A to B**「B に A を贈呈する」
＊ここでは受動態の A is presented to B という形になっている。
☐ **as a token of A**「A（感謝・友情など）のしるしとして」

020 ☐☐☐☐☐

A : 我々の製品を改良するために解決しなければならない問題がとてもたくさんあります。それらのうちのひとつに私たち一人ひとりが各自で取り組みましょう。

B : いいえ，それらの問題はチームとして一度にひとつずつ解決されるべきです。

☐ **fix a problem**「問題を改善する／解決する」
☐ **tackle a problem**「問題に取り組む」
☐ **one at a time**「一度にひとつずつ」

 例文 B

Vintage 3rd Edition

021 ☒☒☒☒☒

A : I'm looking for the English version of this Russian novel.

B : Sorry, it **hasn't been translated** into English yet.

022 ☒☒☒☒☒

A : I can't overwrite this folder on the computer.

B : It probably **is being used** by another person or program because it's a shared folder.

023 ☒☒☒☒☒

A : Do you think the rumor that David made a fortune by dishonest means is true?

B : It **can't be** true because he flatly denied it in public.

024 ☒☒☒☒☒

A : What are the requirements for that job?

B : You **must have** a driver's license.

025 ☒☒☒☒☒

A : I was offered a scholarship to study abroad, but I can't decide whether I should go.

B : You **must not miss** out on such a great opportunity.

---

021 ☐☐☐☐☐

A : このロシア語小説の英語版を探しています。

B : すみません，その本はまだ英語に翻訳されていません。

☐ translate A into B「A（本など）を B（言語）に翻訳する」
* ここでは受動態の A is translated into B という形になっている。

---

022 ☐☐☐☐☐

A : コンピュータ上のこのフォルダが上書きできません。

B : それは共有フォルダなので，おそらく別の人か別のプログラムに使われているのでしょう。

☐ overwrite A「A（ファイルなど）を［に］上書きする」

---

023 ☐☐☐☐☐

A : デイビッドが不正な手段でひと財産築いたといううわさは本当だと思いますか。

B : 彼は公衆の面前できっぱりと否定したので，本当のはずがありません。

☐ the rumor that SV「…といううわさ」
☐ make a fortune「ひと財産築く」

---

024 ☐☐☐☐☐

A : あの仕事に要求されるものは何ですか。

B : 運転免許証を持っていなければなりません。

☐ requirement for A「A（大学入学・仕事など）のための必要条件／資格」

---

025 ☐☐☐☐☐

A : 留学するための奨学金をもらえたけど，行くべきかどうか迷っているの。

B : そんなすばらしい機会を逃してはならないよ。

☐ miss out on A「A（好機など）を逃す」

B

Vintage 3rd Edition

---

026 ☒☒☒☒☒

(on the phone)

A : Hello. May I talk to Ms. Daimon?

B : I'm sorry. You **must have** the wrong number because there's no one here by that name.

---

027 ☒☒☒☒☒

A : Have you found your passport yet?

B : Yes, but I **had to delay** my trip because I couldn't find it in time.

---

028 ☒☒☒☒☒

A : Do I have to wear a suit and tie to the interview?

B : No, you **don't have to wear** either. Please wear casual clothing.

---

029 ☒☒☒☒☒

A : Let's have dinner at the restaurant in front of the station sometime next month.

B : It is always crowded. We **should make** a reservation well in advance.

---

030 ☒☒☒☒☒

A : I feel I was too hard on Koki. I want to take everything I said back.

B : You **ought to apologize** to him sincerely.

---

026 ☐☐☐☐☐

（電話で）

A：もしもし。ダイモンさんをお願いします。

B：すみません。ここにはそのような名前のものはいないので，番号を間違っているのだと思います。

☐ **have the wrong number**
「間違い電話をかける」

---

027 ☐☐☐☐☐

A：もうパスポート見つかった？

B：うん，でも見つけるのが間に合わなかったから，旅行を延期しなければならなかったんだ。

☐ **delay A**「A（出発など）を延期する」

---

028 ☐☐☐☐☐

A：スーツとネクタイを着用して面接に行かなければなりませんか。

B：いいえ，どちらも着用する必要はありません。普段着を着てください。

☐ **not ... either**「どちらも…ない」

＊ ここでの either は代名詞で，either of them（= a suit and tie）ということ。

---

029 ☐☐☐☐☐

A：来月のいつか駅前のレストランでディナーを食べましょうよ。

B：そこはいつも混んでるよね。十分余裕をもって予約したほうがいいね。

☐ **make a reservation**「（飛行機・ホテル・レストランなどの）予約をする」

☐ **well in advance**「十分余裕をもって／かなり前から」

---

030 ☐☐☐☐☐

A：コウキにつらく当たりすぎたと感じてるの。言ったこと全部撤回したいわ。

B：彼に心から謝るべきだね。

☐ **be hard on A**「A（人）につらく当たる」

☐ **take A back / take back A**「A（発言など）を撤回する」

☐ **apologize to A (for B)**「（Bについて）A（人）に謝罪する」

例文

Vintage 3rd Edition

031 ☒☒☒☒☒

A : Time always flies when we talk.

B : Yes, it's already four. **You'd better go** now before the traffic gets too bad.

032 ☒☒☒☒☒

A : Do you eat a lot of meat?

B : I **used to eat** it a lot a few years ago, but now I'm vegan. I hate the very sight of meat now.

033 ☒☒☒☒☒

A : I wonder why Momoka was late for school this morning.

B : She **may have overslept**. That is often the case with her.

034 ☒☒☒☒☒

A : I don't know how many times I've watched his YouTube videos.

B : I **must have seen** them hundreds of times myself. I'm really into them, too.

035 ☒☒☒☒☒

A : I happened to see Ririka in Shinjuku yesterday.

B : It **can't have been** her. She was with me all day yesterday.

031 □□□□□

A：話しているといつも時間が経つのは早いわね。

B：そうだね，もう4時か。渋滞がひどくなる前にもう出
　たほうがいいよ。

□ **Time flies.**「時間はあっとい
う間に過ぎる／光陰矢の如し
（ことわざ）」

032 □□□□□

A：肉はたくさん食べますか。

B：数年前はたくさん食べましたけど，今は完全菜食主
　義です。今では肉を見るのもいやです。

□ **the sight of A**「Aを見ること」
（＝ seeing A）

033 □□□□□

A：なんで今朝モモカは学校に遅刻したのかしら。

B：寝過ごしたのかもしれないな。彼女にはよくあること
　だよ。

□ **A is often the case with B**
「AはBにはよくあることだ」

034 □□□□□

A：何度彼のユーチューブ動画を見たかわからないわ。

B：ぼく自身，何百回と見たに違いないよ。ぼくも本当に
　ハマってるんだ。

□ **hundreds of A**「何百という
A」
□ **be into A**「Aにハマっている
／のめり込んでいる」

035 □□□□□

A：昨日，新宿でリリカを偶然見たよ。

B：彼女のわけがないわ。彼女は昨日一日中私といっしょ
　にいたもの。

□ **happen to do**「偶然…する／
たまたま…する」

Vintage 3rd Edition

036 ☒☒☒☒☒

A : Kenta injured himself at judo practice three days ago.

B : He **should have warmed** up more thoroughly before practice.

037 ☒☒☒☒☒

A : I went out with Yuzuki last night. When I mentioned soccer, she started talking about it and wouldn't stop.

B : You **shouldn't have mentioned** it. You know how into soccer she is.

038 ☒☒☒☒☒

A : Have you ever wished you could talk to your pet?

B : Yes. **If I were** able to talk to my cat, I **would spend** all day every day talking to him.

039 ☒☒☒☒☒

A : Wow, it's already so late! I'll have to take a taxi because the last train has already left.

B : **If I had** a car, I **could drive** you home.

040 ☒☒☒☒☒

A : Actually, Kento wanted to come to this meet-up, too.

B : **If I knew** his phone number, I **could call** him and **invite** him over. Does anyone know it?

---

036 ☐☐☐☐☐

A：ケンタは3日前，柔道の練習でけがをしたんだ。 B：彼は，練習前にもっと入念に準備運動すべきだったのに。	☐ **warm up**「準備体操をする／ ウォーミングアップをする」 ☐ **thoroughly**「完全に／まった く」（＝completely）「徹底的に ／入念に」（＝very carefully）

037 ☐☐☐☐☐

A：昨晩，ユヅキといっしょに出かけたんだ。ぼくがサッカーの話を出したら，彼女がそれについて話し始めて，話すのをやめようとしなかったんだ。 B：サッカーの話を出すべきじゃなかったのに。彼女がどれほどサッカーにハマってるか知ってるでしょ。	☐ **would not do**「どうしても… しようとしなかった」

038 ☐☐☐☐☐

A：自分のペットと話せればいいのにって今まで思ったこととある？ B：あるよ。もしぼくの猫と話せれば，毎日一日中彼と話してるだろうな。	☐ **spend A doing**「A（時間）を …して過ごす」

039 ☐☐☐☐☐

A：うわぁ，もうこんな遅い時間だ！　もう最終電車が出ちゃったから，タクシーに乗らないといけないだろうな。 B：もし私が車を持っていれば，あなたを車で家に送れるんだけどね。	☐ **take a taxi**「タクシーに乗る ［で行く］」 ☐ **drive A home**「車でA（人） を家まで送る」 ＊ この home は副詞。

040 ☐☐☐☐☐

A：実は，ケントもこの集まりに来たがってたんだよ。 B：もし私が彼の電話番号を知ってれば，彼に電話してここに招けるんだけどね。だれか知ってる？	☐ **invite A over**「A（人）を自宅 に招く」

例文

B

Vintage 3rd Edition

041 ☒☒☒☒☒

A : Why didn't you come to see the show yesterday? Miranda showed up as a surprise guest performer.

B : **If** I **had known** that she would be appearing in it, I **would have come**.

042 ☒☒☒☒☒

A : I couldn't get through all my work yesterday. There was way more than I could handle.

B : **If** you **had asked** me, I **would have helped** you.

043 ☒☒☒☒☒

A : Are you going to buy that new game?

B : No. **If** I **were to buy** it, I **would play** the game all night long and **I'd be** too tired to go to school.

044 ☒☒☒☒☒

A : I feel like staying home all day today.

B : Okay, but **if** you **should change** your mind, **let's hang** out downtown.

045 ☒☒☒☒☒

A : The online shopping site is having a huge sale right now.

B : I know. **I wish** I **had** more money. There're so many things I want to buy.

---

041 ☒☒☒☒☒

A：なんで昨日ショーを見に来なかったの？　ミランダが
サプライズゲスト出演者として来たんだよ。

B：もし彼女が出演するってわかってたら，行ったんだけ
どね。

□ **show up**「来る／現れる」
□ **come**「(聞き手の方に) 行く」
cf. **I'm coming.**「(呼ばれて) 今
行きます」

---

042 ☒☒☒☒☒

A：昨日はすべての仕事を終えられなかったよ。ぼくの処
理能力をはるかに超えていたんだ。

B：もし私に頼んでいたなら，手伝ったのに。

□ **get through A**「A (仕事など)
を終える」
□ **way【副詞】**「(比較級を強調し
て) はるかに…／ずっと…」
＊ way は more (もっと多くの量)
を強めている。

---

043 ☒☒☒☒☒

A：あの新しいゲームを買うつもりなの？

B：いや。仮に買ったとしたら，一晩中やるだろうし，疲
れすぎて学校に行けなくなるだろうよ。

□ **all night long**「一晩中」

---

044 ☒☒☒☒☒

A：今日は一日中家にいたい気分。

B：わかった，でも万が一気が変わったら，繁華街をぶ
らぶらしようよ。

□ **feel like doing**「…したい気
がする」
□ **change one's mind**「考えを
変える」
□ **hang out**「ぶらぶらする」
□ **downtown【副詞】**「中心部で」

---

045 ☒☒☒☒☒

A：あのネット通販サイトでちょうど今，大セールやってる
よ。

B：知ってるわ。私にもっとお金があればいいのに。買
いたい物がとてもたくさんあるの。

□ **online shopping site**「ネッ
ト通販サイト」
□ **have a sale**「セールを行う」

Vintage 3rd Edition

046 ☒☒☒☒☒

A : A special program on the pyramids of Egypt was broadcast last night.

B : I know. I watched it, but **I wish** I **had recorded** it.

047 ☒☒☒☒☒

A : The people around here have been very kind to us, haven't they?

B : Yes. They treat us **as if** we **were** old friends of theirs, though we know next to nothing about each other.

048 ☒☒☒☒☒

A : I just can't trust anything that politician says.

B : Me neither. He speaks **as if** he **had changed** the nation for the better while he was in office.

049 ☒☒☒☒☒

A : That actor is always expected to win the Academy Award, but he hasn't won it once so far.

B : I believe **it's time** he **won** the honor this year.

050 ☒☒☒☒☒

A : I can't imagine a world without smartphones.

B : Indeed they are very convenient tools, but **if it were not for** them, I **would have** much better eyesight.

---

046 ☐☐☐☐☐

A：昨晩，エジプトのピラミッドの特別番組が放送されて
たね。

B：知ってるよ。見たけど，録画すればよかったって思っ
てるよ。

☐ **program on A**「A に関する
番組」
☐ **be broadcast**「放送される」
【活用】broadcast-
broadcast[broadcasted]-
broadcast[broadcasted]

---

047 ☐☐☐☐☒

A：この辺の人たちは私たちにとても親切してくれている
よね。

B：そうね。彼らは私たちをまるで旧友であるかのように
扱ってくれてるわね。お互いについてほとんど何も知
らないのに。

☐ **next to ...**「（否定語の前に用
いて）ほとんど…」（= almost）
cf. **next to impossible**「ほとん
ど不可能」

---

048 ☐☐☐☐☒

A：私はあの政治家の言うことがまったく信用できないん
です。

B：私もです。彼はまるで在任中に自分が国をよい方向に
変えたかのように話しますよね。

☐ **just can't do**「（否定を強調し
て）まったく…できない」
☐ **Me neither.**「（相手の否定的
な発言に同調して）私もだ」
cf. **Me too.**「（相手の肯定的な発
言に同調して）私もだ」

---

049 ☐☐☐☐☒

A：あの俳優はいつもアカデミー賞を獲得すると期待され
ているけど，今のところ一度も獲得していませんね。

B：今年，彼はあの栄誉を勝ち取ってもよい頃だと信じ
ています。

☐ **expect A to do**「A（人・もの）
が…するだろうと思う／A（人）
に…することを期待する」
* ここでは受動態のA is expected
to do という形になっている。
☐ **so far**「今までのところ」（=
until now）

---

050 ☐☐☐☐☒

A：スマートフォンがない世界なんて想像できないわ。

B：確かに，スマートフォンはとても便利な道具だけど，
もしなければ，ぼくの視力ははるかによいだろうなあ。

☐ **have good[poor, bad]
eyesight**「視力がよい［悪い］」
☐ **much**「（比較級を強調して）
はるかに…／ずっと…」
* much は比較級 better を強調
している。

例文

B

Vintage 3rd Edition

<u>051</u> ⊠⊠⊠⊠⊠

A : I made a calculation error on the math exam.

B : You almost had a passing score. **If it had not been for** that error, you **would have passed** the exam.

<u>052</u> ⊠⊠⊠⊠⊠

A : Why do you keep on picking up garbage on the streets?

B : The goal of our activities is **to get** people to stop throwing things away on the streets.

<u>053</u> ⊠⊠⊠⊠⊠

A : Miki's pet dog died last week, didn't it?

B : Yes. She has been really down since, so I don't know **what to say** to her.

<u>054</u> ⊠⊠⊠⊠⊠

A : I want to get along better with my classmates. Can you give me some advice?

B : Generally speaking, it's important **to consider** your classmates' feelings. Don't be self-centered.

<u>055</u> ⊠⊠⊠⊠⊠

A : You lived in Vienna for more than ten years. How did you like it?

B : It's known for its high quality of life and known as the city of music, too. I thought it was a wonderful city **to live in**.

---

051 ☐☐☐☐☐

A : 数学の試験で計算間違いをしたわ。

B : 君はもう少しで合格点だったよね。その間違いがなかったならば，君は試験を通ってたのにね。

☐ **make an error**「間違いをする」
☐ **almost do**「もう少しで…するところ（しかし，実際は…していない）」

---

052 ☐☐☐☐☐

A : なぜ，あなたたちは路上でゴミを拾い続けているのですか。

B : 私たちの活動の目的は，人々が路上に物を捨てるのをやめさせることです。

☐ **keep on doing**「…し続ける／繰り返し…する」
☐ **get A to do**「（説得・努力などして）A（人）に…させる」
☐ **throw A away / throw away A**「A（不要物など）を捨てる」

---

053 ☐☐☐☐☐

A : ミキのペットの犬は先週亡くなったのよね？

B : そうだよ。彼女はそれ以来とても落ち込んでいて，なんて彼女に言うべきかわからないんだ。

☐ **be down**「（気分が）落ち込んでいる」

---

054 ☐☐☐☐☐

A : 私はクラスメートたちともっと仲よくやっていきたいの。何か私にアドバイスくれる？

B : 一般的に言って，クラスメートの気持ちを思いやることが大事だよ。自己中心的にならないようにね。

☐ **give A advice**「A（人）に助言する」
☐ **generally speaking**「一般的に言って」

---

055 ☐☐☐☐☐

A : あなたはウィーンに 10 年以上住んでいましたね。ウィーンはどうでしたか。

B : ウィーンは生活の質の高さで有名で，音楽の都としても知られています。住むにはすばらしい都市だと思いました。

☐ **How did you like A ?**「（感想を尋ねて）A はどうでしたか」
☐ **be known for A**「A（業績・長所・特徴など）で有名である」
☐ **be known as A**「A（呼び名・機能など）として知られている」

056 ☒☒☒☒☒

A : How was your trip to Hokkaido?

B : It was great.　I went biking through the countryside and stopped **to take** pictures many times.　I'll show you them sometime.

057 ☒☒☒☒☒

A : I'm still in a bit of pain, but it looks like I'll be able to leave the hospital this weekend.

B : That's great!　I'm so relieved **to see** that you're healing quickly.

058 ☒☒☒☒☒

A : What kind of games have you been playing lately?

B : I haven't been playing any games.　My parents told me **not to play** games for the time being because my last exam results were really bad.

059 ☒☒☒☒☒

A : Erik won't take my advice and keeps repeating the same mistakes.　It's so annoying.

B : It's natural **for you to be** angry with him.

060 ☒☒☒☒☒

A : Would you please share your physics textbook with me?

B : I'm very sorry, but I can't.　I seem **to have left** my textbook at home, too.

---

056 ☐☐☐☐☐

A：北海道旅行はどうだったの？

B：最高だったよ。田園地帯をサイクリングして，何度も止まっては写真を撮ったんだ。いつかそれらの写真を君に見せるよ。

☐ **stop to do**「(立ち) 止まって…する」
* stop doing は「…するのをやめる」
☐ **take a picture**「写真を撮る」

---

057 ☐☐☐☐☐

A：まだ少しだけ痛むけど，今週末に退院できそうなんだ。

B：それはよかった！　君が早く回復しているとわかり，とてもほっとしてるよ。

☐ **It looks like SV**「…ということが起こりそうに思える」
* この SV は未来を表す表現を使う。
☐ **see (that) SV**「…ということがわかる／…ということを見て知る」

---

058 ☐☐☐☐☐

A：最近，どんなゲームをしてるの？

B：何もゲームはしてないよ。前回の試験結果がとても悪かったから，両親がぼくに当分の間ゲームをしないようにって言ったんだ。

☐ **lately**「最近／近頃」
* lately は通例，現在完了 (進行) 形と共に用いる。
☐ **for the time being**「当分の間／差し当たり」

---

059 ☐☐☐☐☐

A：エリックはどうしても私のアドバイスを聞き入れようとしないで，同じ間違いを繰り返し続けてるの。本当にイライラするわ。

B：君が彼に腹を立てるのは当然だよ。

☐ **take A's advice**「A (人) の助言に従う」
☐ **keep doing**「…し続ける／繰り返し…する」
☐ **be angry with A**「A (人) に怒っている」

---

060 ☐☐☐☐☐

A：あなたの物理の教科書をいっしょに使わせてもらってもいいかしら。

B：本当に申し訳ないけど，できないんだ。ぼくも家に教科書を忘れてきたみたいなんだ。

☐ **share A with B**「B (人) と A を共同で使う」

061 ☒☒☒☒☒

A : I want to move this bookshelf over there. I took everything off of it, but it's still quite heavy.

B : If it's **too heavy** for you **to carry** alone, I'll help you.

062 ☒☒☒☒☒

A : Is this book for non-native English speakers?

B : Yes. It is **easy enough** for a beginner in English **to read**. You can brush up your English by reading it.

063 ☒☒☒☒☒

A : I want you to have this project finished no later than March 21st.

B : Okay, but **in order to do** that, I'll have to stop helping others with their projects.

064 ☒☒☒☒☒

A : It's really important to take short breaks when studying in order to have a snack or move around a little.

B : Yes. I take breaks **so as not to get** bored or sleepy.

065 ☒☒☒☒☒

A : It's high time you left for school.   You'll be late if you don't get going soon.

B : Oops! I **heard the alarm go** off and woke up, but then I went back to sleep.

061 ▨▨▨▨▨

A : この本棚を向こうに移動したいの。中の物を全部出したんだけど，まだかなり重いの。

B : 重すぎて君ひとりで運べないなら，ぼくが手伝うよ。

□ **help A (to) do**「A（人）が…するのを手伝う」
* ここでは (to) do の部分にあたる (to) move this bookshelf over there が省略されている。

062 ▨▨▨▨▨

A : この本は英語を母語としていない人向けですか。

B : はい。英語の初学者が読めるほどに簡単です。これを読むことによって，あなたの英語を磨き直すことができます。

□ **brush up (on) A**「A（さびついた知識や技術など）を磨き直す／勉強し直す」

063 ▨▨▨▨▨

A : 3月21日までにこのプロジェクトを終わらせてほしいです。

B : わかりました，しかしそうするためには，ほかの人たちのプロジェクトを手伝うのやめなければならないでしょう。

□ **no later than A**「（遅くとも）A（日・時）までに」
□ **help A with B**「A（人）の B（仕事・動作）を手伝う」

064 ▨▨▨▨▨

A : 勉強しているときに，軽く食べたり少し動き回るために小休憩をとるのは本当に大切です。

B : そうですね。私は退屈したり眠くならないように休憩をとります。

□ **take a break**「休憩をとる」(= have a break)
□ **get bored**「退屈する」〈動作〉
cf. **be bored**「退屈している」〈状態〉

065 ▨▨▨▨▨

A : とっくに学校に行く時間よ。すぐ出ないと遅刻するわよ。

B : うわっ！　目覚ましが鳴ってるのを聞いて目を覚ましたんだけど，それからまた寝ちゃったよ。

□ **leave for A**「A（場所）に向けて出発する」
cf. **leave A**「A（場所）を離れる」
□ **go off**「（警報器・目覚まし時計などが）鳴る」

066 ☒☒☒☒☒

A : I don't want to go to the school play auditions this afternoon.

B : Come on, **missing** this chance means waiting another year. You should believe in yourself more.

067 ☒☒☒☒☒

A : Can you look after my cat over the weekend?

B : Yes, sure. I'm good **at caring** for cats and dogs.

068 ☒☒☒☒☒

A : Hey, wasn't that a great soccer match?

B : Yes, it was. I'm so happy about **our school winning** the championship.

069 ☒☒☒☒☒

A : Why don't you ask Rio out?

B : I'm afraid of **being rejected** by her. I know I need to be more confident in myself, but it's so hard.

070 ☒☒☒☒☒

A : It seems Anna was working late last night.

B : Yes, she finally went home after **having completed** all the reports early this morning.

---

066 ☐☐☐☐☐

A：今日の午後，学校劇のオーディション行きたくないの。

B：しっかりしなよ，この機会を逃すことはもう一年待つ
ことを意味するんだよ。もっと自分自身を信じるべき
だよ。

☐ **come on**「(励ましの言葉で)
しっかりしろ」
☐ **believe in A**「A (人柄・能力
など) を信頼 [信用] する」
cf. **believe A**「A (の発言・内容)
を信じる」

---

067 ☐☐☐☐☐

A：週末の間，私の猫の面倒を見てくれる？

B：もちろんいいよ。ぼくは犬と猫の世話をするのが得意
なんだ。

☐ **look after A**「A の世話をする
／面倒を見る」
☐ **care for A**「A (人・もの) を世
話する／A の面倒を見る」

---

068 ☐☐☐☐☐

A：ねえ，あれはすごいサッカーの試合じゃなかった？

B：うん，すごかった。ぼくはうちの学校が優勝してとて
もうれしいよ。

☐ **be happy about A**「A に満
足している／うれしい／喜んで
いる」
☐ **win a championship**「優勝
する／選手権を勝ち取る」

---

069 ☐☐☐☐☐

A：なんでリオをデートに誘わないの？

B：彼女に断られるのが怖いんだよ。自分にもっと自信
をもつ必要があるってわかってるけど，それがとても
難しいんだ。

☐ **ask A out**「A (人) をデートに
誘う」
☐ **be afraid of A**「A を恐れて
[怖がって] いる」
☐ **be confident in oneself**「自
分に自信をもっている」

---

070 ☐☐☐☐☐

A：アンナは昨晩遅くまで働いていたようね。

B：そうだね，今朝早くすべての報告書を完成させたあ
とでやっと家に帰ったよ。

☐ **It seems (that) SV**「…のよ
うに思われる／…のようであ
る」

071 ☒☒☒☒☒

A : What is your greatest regret in life so far?

B : I regret **not having studied** harder when I was in college.

072 ☒☒☒☒☒

A : I fell down and skinned my knee.

B : Wash the dirt away and clean it under **running** water. I'll bring you a Band-Aid.

073 ☒☒☒☒☒

A : Do you know of any good clothing shops around here?

B : That newly **opened** clothing shop in the station building has a wide selection of clothes. I recommend it.

074 ☒☒☒☒☒

A : Why are you wearing long sleeves? It's so hot today.

B : To run less risk of getting bitten by mosquitoes **carrying** dangerous diseases.

075 ☒☒☒☒☒

A : I'd like to try on this sweater, please. Do you have it in red?

B : Sorry, we're all sold out of it in red. The items on this table are the only ones **left** in stock.

071　▢▢▢▢▢

A : 今までの人生で一番大きな後悔は何ですか。

B : 大学にいたときに，もっと一生懸命勉強しなかったことを後悔してます。

- □ **regret doing [having done]**「…したことを後悔する」

072　▢▢▢▢▢

A : 転んでひざを擦りむいちゃったよ。

B : 流水で汚れを洗い流してきれいにしなさい。バンドエイドを持ってくるわ。

- □ **fall down**「転ぶ／倒れる」
- □ **skin one's knee**「ひざを擦りむく」
- □ **wash A away / wash away A**「（水が）Aを押し流す／（水で）Aを洗い流す」

073　▢▢▢▢▢

A : この辺でいい衣料品店知ってる?

B : 駅ビルの中のあの新しくオープンした衣料品店は服の品揃えが豊富だよ。おすすめするよ。

- □ **know of A**「Aの存在を知っている／Aのことを聞いた[読んだ]ことがある」
- □ **have a wide selection of A**「A（商品）の品揃えが豊富である」

074　▢▢▢▢▢

A : なんで長袖を着てるの?　今日はとても暑いけど。

B : 危険な病気を媒介する蚊に刺される危険性を減らすためだよ。

- □ **run the risk of doing**「…する危険を冒す」
- □ **get bitten by A**「Aにかまれる／刺される」
- □ **carry disease(s)**「病気を伝染させる／媒介する」

075　▢▢▢▢▢

A : このセーターを試着したいんですが。これの赤はありますか。

B : 申し訳ありません，これの赤色は当店ですべて売り切れになっております。このテーブルにある商品しか在庫は残っていません。

- □ **try on A / try A on**「A（衣服）を試着する」
- □ **in +色**「…色の」

77

076 ☒☒☒☒☒

A : Is Swiss spoken in Switzerland?

B : There is no language **called** "Swiss." German, French, and Italian are the languages mainly **spoken** there.

077 ☒☒☒☒☒

A : Ms. Johnson, how are the new exchange students from China doing?

B : Well, I'm glad to **see them all doing** better than they were doing last month.

078 ☒☒☒☒☒

A : Why is this lake so popular with tourists?

B : Because they can **see beautiful Mt. Fuji reflected** on the lake on calm days.

079 ☒☒☒☒☒

A : What do you usually do on weekends?

B : I usually walk my dog through the large park by my house. I like to look at all the trees, **enjoying** the ever-changing view.

080 ☒☒☒☒☒

A : Didn't you say you would start working part-time this month?

B : Yes, but **not having** enough time to work yet, I've decided to start next month after my final exams.

---

076 □□□□□

A: スイスではスイス語が話されていますか。

B:「スイス語」と呼ばれる言語はありません。ドイツ語, フランス語, イタリア語がそこで主に話されている言語です。

* 国名＋言語名を確認しよう。
□ フランス France French
□ ドイツ Germany German
□ イタリア Italy Italian
□ 中国 China Chinese
□ 韓国 Korea Korean

077 □□□□□

A: ジョンソン先生, 中国からの新しい交換留学生たちはどうですか。

B: それがですね, 先月よりも彼ら全員が成績が上がっているのを見て私はうれしいんですよ。

□ all【代名詞】「(主語・目的語と同格で) …全員／…全部」
* 本問の them all のように人称代名詞と同格の場合は人称代名詞の直後に置かれる。

078 □□□□□

A: なぜこの湖は観光客にとても人気があるんですか。

B: 穏やかな日には美しい富士山が湖面に映し出されるのを見られるからです。

□ be popular with[among] A 「A に人気のある」
□ reflect A 「(鏡・水などが) A を映す／A (光・熱など) を反射する」

079 □□□□□

A: 週末にはふだん何をしていますか。

B: たいてい犬の散歩をして家の近くの大きな公園を通ります。そこのすべての木々を見るのが好きで, 絶えず変化する眺めを楽しんでいます。

□ on weekends「週末には (いつも)」
□ walk a dog「犬を散歩させる」

080 □□□□□

A: 今月アルバイトを始めるって言ってなかった?

B: うん, でもまだ働く時間が十分にないから, 期末試験後の来月に始めることに決めたんだ。

□ work part-time「アルバイトをする／パートタイムで働く」(＝do a part-time job)
□ have enough time to do「…する十分な時間がある」

例文 **B**

Vintage 3rd Edition

081 ☒☒☒☒☒

A : I'm watching you to make sure you are actually studying.

B : I can't concentrate on my studies **with you watching** me like that.

082 ☒☒☒☒☒

A : We are 30 minutes late for morning practice.

B : Oh no, Coach looks upset **with his arms crossed** like that. I think we're in trouble.

083 ☒☒☒☒☒

A : I'm running out of the special honey that can only be bought in Romania.

B : I have a friend **who** lives in Romania. Do you want me to ask him to buy you some and send it to you?

084 ☒☒☒☒☒

A : I love that video. Did you do all the filming and editing on your own?

B : Yes, I did it all on my smartphone. It has many apps **which** can be used to make videos.

085 ☒☒☒☒☒

A : What are you reading?

B : *The Remains of the Day.* Kazuo Ishiguro is the writer **whom** I like best. His works have had a great influence on my way of thinking.

081 　▢▢▢▢▢

A : あなたが本当に勉強しているのを確かめるために，あなたを監視しているの。

B : そんなふうに君が見ていては勉強に集中できないよ。

□ **concentrate on A**「Aに集中する」

082 　▢▢▢▢▢

A : 私たち 30 分朝練に遅刻ね。

B : なんてこった！　あんなふうに腕組みして，コーチは機嫌が悪そうだ。これはピンチだと思うよ。

□ **look upset**「気分を害しているように見える／取り乱しているように見える」
□ **be in trouble**「困ったことになっている／窮地に陥っている」

083 　▢▢▢▢▢

A : ルーマニアでしか買えない特別なハチミツがなくなりそうなの。

B : ぼくにはルーマニアに住んでる友だちがいるよ。彼に，買って君に送るように頼んでみようか？

□ **run out of A**「Aを使い果たす／切らす」

084 　▢▢▢▢▢

A : 私，その動画大好き。全部の撮影と編集をひとりでしたの？

B : そうだよ，スマートフォンしか使ってないんだ。ぼくのスマホには動画を作成するために使えるアプリがたくさん入っているんだ。

□ **on one's own**「ひとりで／独力で」
□ **app**「アプリ（application の略）」

085 　▢▢▢▢▢

A : 何を読んでいるの？

B : 『日の名残り』だよ。カズオ・イシグロはぼくが一番好きな作家なんだ。彼の作品はぼくの考え方に大きな影響を与えてくれたんだ。

□ **have a great influence on A**「Aに大きな影響を与える」
□ **A's way of thinking**「A（人）の考え方」

例文 **B**

Vintage 3rd Edition

086 ☒☒☒☒☒

A : You look happy. What's going on?

B : I found an old photo **which** I had lost for a long time. It's very precious to me.

087 ☒☒☒☒☒

A : I wonder if I should subscribe to a video on demand service.

B : If **the video on demand service you'll subscribe to** contains **a lot of contents you want to watch**, I think it would definitely be worth it.

088 ☒☒☒☒☒

A : A lot of reporters are interviewing that man. Who is he?

B : He is a director **whose films** were shown at the Cannes Film Festival two years in a row.

089 ☒☒☒☒☒

A : What kind of company do you work for?

B : I work for a company **whose business** is to create advertisements for other companies.

090 ☒☒☒☒☒

A : This place reminds me of the good old days. Not much has changed around here.

B : This is the restaurant **where** we had dinner together for the first time, isn't it?

---

086 □□□□□

A：幸せそうな顔をしてるわね。何があったの？

B：長い間失くしていた古い写真を見つけたんだ。ぼくに
とってとても貴重なものなんだよ。

□ **What's going on?**「何があっ
たのですか」
＊ 単なる挨拶としても使う。

---

087 □□□□□

A：ビデオ・オン・デマンド・サービスに加入すべきかしら。

B：もし君が加入するサービスに君が見たいコンテンツが
たくさんあるなら，間違いなく加入する価値があると
思うよ。

□ **subscribe to A**「A（通信サー
ビスなど）に加入している／A
（新聞・雑誌など）を定期購読
する」
□ **be worth A**「A に値する／A
の価値がある」

---

088 □□□□□

A：たくさんのリポーターがあの男性にインタビューしてる
わね。彼はだれなの？

B：彼は監督で，彼の映画が 2 年連続でカンヌ映画祭で
上映されたんだ。

□ **in a row**「連続して／立て続け
に」
＊ もともとの「一列に並んで」か
ら派生した意味。

---

089 □□□□□

A：どんな会社であなたは働いていますか。

B：ほかの会社の広告を作成するのが業務の会社で働い
ています。

□ **work for A**「A（会社など）に勤
めている」

---

090 □□□□□

A：この場所は私に懐かしい日々を思い出させるわ。この
辺はあまり変わってないのね。

B：ここは初めていっしょにディナーを食べたレストラン
だよね。

□ **remind A of B**「A（人）に B
を思い出させる」
□ **around here**「この辺り」

091 ☒☒☒☒☒

A : I'm studying hard to be a doctor.

B : Your family will be proud of you on the day **when** you become a doctor. I am sure of that.

092 ☒☒☒☒☒

A : I can't think of any reason **why** you'd want to quit your job. You make such good money there.

B : Money isn't the reason **why** I have decided to look for a new job.

093 ☒☒☒☒☒

A : Did you make it through the job interview okay?

B : No. The company wanted a computer programmer, **which** I am not.

094 ☒☒☒☒☒

A : This bread is simply delicious!

B : My uncle, **who** is a baker, made it. I think his baking skills are second to none.

095 ☒☒☒☒☒

A : I can't believe we lost today's final game by one point.

B : Yes, it was very close. **What** is more important, however, is that each one of you was able to play better than ever before.

---

091 ☐☐☐☐☐

A：ぼくは医者になるために一生懸命勉強してるんだ。

B：あなたが医者になった日に，あなたの家族はあなたのことを誇りに思うわね。それは確かよ。

☐ **be sure of A**「A を確信している」

092 ☐☐☐☐☐

A：あなたが仕事を辞めたがっている理由が何も思いつかないわ。あなたはあそこでとても高収入を得てるし。

B：お金は新しい仕事を探すことに決めた理由じゃないよ。

☐ **can't think of A**「A を思いつけない」
☐ **make money**「金を稼ぐ／もうける」
* ここの good は「十分な」という意味。

093 ☐☐☐☐☐

A：就職面接は無事に乗り切れたの？

B：だめだった。会社はコンピュータプログラマーを望んでたんだけど，ぼくはコンピュータプログラマーじゃないんだ。

☐ **make it through A**「A（困難など）を乗り切る」

094 ☐☐☐☐☐

A：このパンとってもおいしい！

B：ぼくのおじさんはパン職人なんだけど，そのおじさんが作ったんだ。おじさんのパン作りの腕前はだれにも負けないと思うよ。

☐ **be second to none**「だれにも劣らない」

095 ☐☐☐☐☐

A：一点差で今日の決勝戦に私たちが負けたのは信じられないわ。

B：ああ，とても接戦だったね。だけど，もっと大切なことは君たち一人ひとりがこれまでよりもうまくプレーできたことだよ。

☐ **by one point**「一点差で」
☐ **close【形容詞】**「（試合・選挙などが）接戦の」
☐ **than ever (before)**「以前より増して／かつてないほど」

Vintage 3rd Edition

096 ☒☒☒☒☒

A : Do you think Yurika is a good choice for club leade?

B : I don't think she has **what** it takes to be a leader. She's more cut out to be an adviser.

097 ☒☒☒☒☒

A : Did you read my proposal for a new playground?

B : Yes, I thought it was a great idea, **but** not everyone agreed with me.

098 ☒☒☒☒☒

A : I'm late for class.

B : Don't run in the hallway, **or** you might bump into someone.

099 ☒☒☒☒☒

A : I have a difficult time maintaining relationships.

B : To put it simply, just be nice to everyone, **and** you'll have better relationships. Don't overthink it so much.

100 ☒☒☒☒☒

A : Is that singer popular only in Japan?

B : No. She is very popular **both** in Japan **and** abroad.

096 ▢▢▢▢▢

A：ユリカはクラブのリーダーにうってつけだと思う？

B：彼女はリーダーになるのに必要なものを備えてないと
思うよ。彼女は助言者のほうが向いてるよ。

- □ a good choice for A「A の
  よい選択候補」
- □ have what it takes to do
  「…するために必要な素質がある」
- □ be cut out to be A「A にな
  るのに向いている」

097 ▢▢▢▢▢

A：新しい運動場に対する私の提案を読みましたか。

B：はい，すばらしいアイディアだと思いましたが，全員
が私と同じ意見ではありませんでした。

- □ not everyone ...「全員が…
  というわけではない【部分否
  定】」
- □ agree with A「A（人）と同じ
  意見である／A（意見など）に
  賛同する」

098 ▢▢▢▢▢

A：授業に遅れちゃってるな。

B：廊下を走るのはやめなさい，さもないとだれかにぶ
つかるかもしれませんよ。

- □ bump into A「A（人・もの）
  にぶつかる／A（人）に偶然出
  会う」

099 ▢▢▢▢▢

A：私は人間関係を維持するのに苦労しています。

B：簡単に言えば，とにかくだれにでも親切にすればより
よい人間関係がもてるでしょう。あまり考えすぎない
ことです。

- □ have a difficult[hard] time
  doing「…するのに苦労する」
- □ To put it simply, SV「簡単
  に言えば…」
- □ be nice to A「A（人）に親切に
  する／優しくする」

100 ▢▢▢▢▢

A：あの歌手は日本だけで有名なのですか？

B：いいえ。彼女は日本と海外の両方でとても有名です。

- □ abroad【副詞】「海外で」
- ＊ ここでは in foreign countries
  と同意。

例文

B

Vintage 3rd Edition

101 ☒☒☒☒☒

A : Why are you always telling me what I should and shouldn't do? Don't you trust me?

B : I'm telling you what to do **not** because I don't trust you **but** because I worry about you.

102 ☒☒☒☒☒

A : Children need to learn to control their emotions.

B : I agree. However, this is true **not only** of children **but also** of adults.

103 ☒☒☒☒☒

A : Why is Amy considered the best student in math class?

B : The reason is **that** she always gets the highest score on math tests.

104 ☒☒☒☒☒

A : You got into the university everybody said you couldn't. Congratulations!

B : Thanks. I'm living proof **that** dreams do come true.

105 ☒☒☒☒☒

A : Why are you so familiar with plants?

B : Because **when** I was a child, I was brought up surrounded by nature. This made me become interested in them.

101 □□□□□

A : なぜあなたはいつも何をすべきで何をすべきじゃないって私に言うの? 私を信用してないの?

B : 君を信用してないからじゃなくて君のことを心配してるから, 何をすべきか君に言ってるんだよ。

□ **be always doing**「いつも…ばかりしている」
* always と進行形を共に用いると, しばしば話し手の非難・いらだちなどを表す。

102 □□□□□

A : 子どもは感情をコントロールできるようになる必要があります。

B : 同感です。しかし, それは子どもだけでなく大人にも当てはまります。

□ **learn to do**「(経験・教訓などを通して)…する[できる]ようになる」
□ **be true of A**「A について当てはまる/該当する/言える」

103 □□□□□

A : なんでエイミーは数学の授業で最優秀の生徒だとみなされてるの?

B : その理由は、彼女はいつも数学のテストで最高点をとってるからだよ。

□ **consider A (to be) C**「A を C とみなす」
* ここでは受動態の A is considered C, さらにその疑問文で Why is A considered C? という形になっている。

104 □□□□□

A : あなたはみんなが無理だって言ってた大学に入ったわね。おめでとう!

B : ありがとう。ぼくは, 夢は本当にかなうんだっていう生きた証だね。

□ **dream comes true**「夢が現実になる/叶う」
□ **do**「本当に/確かに/実際(一般動詞の原形と共に用いて, 節全体が真実であることを強調する)」

105 □□□□□

A : なぜあなたはそんなに植物に詳しいのですか。

B : 子どものときに自然に囲まれて育ったからです。それで植物に興味をもちました。

□ **be familiar with A**「A (もの・事)をよく知っている/熟知している」
cf. **be familiar to A**「A (人)によく知られている/A (人)にとってなじみがある」

106 ☒☒☒☒☒

A : These days, you seem to be a much more responsible person.

B : My way of thinking has changed **since** I was chosen as class president.

107 ☒☒☒☒☒

A : Your little sister is very tall, isn't she?

B : Yes. **Before** I knew it, she was taller than me. She wants to be a fashion model.

108 ☒☒☒☒☒

A : Do you still play soccer?

B : Not anymore. I practiced **until** I was thirteen, then I quit. I'm crazy about badminton now.

109 ☒☒☒☒☒

A : How is your dog?

B : Sadly, she died last month. **By the time** I got her to the animal hospital, it was too late to save her.

110 ☒☒☒☒☒

A : Can you hurry up? We're going to be late for our appointment.

B : Hold on a minute. I'll come **as soon as** I've sent this email.

---

106 ▢▢▢▢▢

A：この頃，あなたは以前よりもはるかに責任を果たせる人物に見えます。

B：学級委員長に選ばれて以来，私の考え方が変わったんです。

□ **choose A as B**「（団体などが）A（人）をB（役職など）に選ぶ」
* ここでは受動態の A is chosen as B という形になっている。

---

107 ▢▢▢▢▢

A：あなたの妹はとても背が高いのね。

B：そうだね。知らないうちに，ぼくより背が高くなってたよ。妹はファッションモデルになりたがってるんだ。

□ **before I know it**「知らないうちに」
cf. **before it is too late**「手遅れにならないうちに」，**before it gets dark**「暗くならないうちに」

---

108 ▢▢▢▢▢

A：まだサッカーをしてるの？

B：もうしてないよ。13歳までやってて，それからやめたんだ。今はバドミントンに夢中だよ。

□ **be crazy about A**「Aに夢中である／熱中している」

---

109 ▢▢▢▢▢

A：あなたの犬は元気？

B：悲しいことに，先月死んだんだ。動物病院に連れて行った頃にはすでに手遅れで救うことができなかったんだよ。

□ **it is too late to do**「…するには遅すぎる／遅すぎて…できない」

---

110 ▢▢▢▢▢

A：急いでくれる？　私たちは約束に遅れそうなの。

B：ちょっと待って。このメールを送信したらすぐに行くよ。

□ **Hold on a minute.**「ちょっと待って（ください）」

B

111 ☒☒☒☒☒

A : What is that medicine you are taking for?

B : **Since** I suffer from hay fever, I take this medicine to improve my condition.

112 ☒☒☒☒☒

A : Has Kate arrived at the office yet?

B : She will be late **because** her train was delayed due to an accident.

113 ☒☒☒☒☒

A : George, how can you get up so early every day?

B : Well, it's my job to take our dogs out for a walk every morning **unless** the weather is poor.

114 ☒☒☒☒☒

A : Thanks for helping me find the materials I needed for my project.

B : No problem. I enjoyed doing the research myself, **although** it took a few nights to look over all the documents.

115 ☒☒☒☒☒

A : How was the play you went to see yesterday?

B : It was **so** funny **that** I could hardly stop laughing. It was money well spent.

111 ☒☒☒☒☒

A：あなたが飲んでいるその薬は何のためなの？

B：ぼくは花粉症をわずらってるから，症状を改善するためにこの薬を飲んでるんだよ。

□ **What ... for?**「何のために…するのですか」
＊「目的・理由」を尋ねる表現。what は for の目的語としてはたらいている。

112 ☒☒☒☒☒

A：ケイトはもう職場に着きましたか。

B：事故で彼女の電車が遅れたので遅刻するでしょう。

□ **be delayed**「（悪天候・事故などで）（飛行機・電車などが）遅れている」
＊ delay A「A を遅らせる」の受動態。

113 ☒☒☒☒☒

A：ジョージ，どうすれば毎日そんなに早く起きられるの？

B：あのね，悪天候を除き，毎朝うちの犬たちを散歩に連れて行くのがぼくの役目なんだよ。

□ **it is A's job to do**「…するのは A（人）の役目［務め／責務］である」
□ **take A (out) for a walk**「A（人・犬など）を散歩に連れて行く」

114 ☒☒☒☒☒

A：私のプロジェクトに必要な資料を見つけるのを手伝ってもらってありがとうございます。

B：どういたしまして。私自身，調べ物は楽しかったですよ。まあ，すべての文書に目を通すのには数晩かかりましたが。

□ **enjoy doing**「…するのを楽しむ」
□ **look over A / look A over**「A（書類など）にざっと目を通す」

115 ☒☒☒☒☒

A：昨日見に行った芝居はどうだった？

B：とてもおかしくて笑いがこらえきれなかった。有意義にお金を使ったよ。

□ **well spent**「有意義に使われた」
＊ ここでは money を後置修飾している。

Vintage 3rd Edition

B

116 ☒☒☒☒☒

A : Masashi has a good heart.

B : He's **such** a nice person **that** nobody talks about him behind his back.

117 ☒☒☒☒☒

A : Almost every time I go to the supermarket, I forget to buy a few things.

B : You may want to start writing a shopping list **so that** you **won't** forget anything anymore.

118 ☒☒☒☒☒

A : How was the hike you went on last week?

B : Much to our surprise, we suddenly came upon a bear **while** we were walking in the woods.

119 ☒☒☒☒☒

A : You had a good time at Henry's last night, didn't you?

B : Yes. I left **at** midnight.

120 ☒☒☒☒☒

A : When is it convenient for you to meet me?

B : I'm free all day long **on** April 20th, so that would work best for me.

116　☐☐☐☐☐

A : マサシは優しい心をもってるわよね。

B : 彼はとてもいい人だから，だれも彼の陰口を言わない
よ。

☐ **have a good heart**「優しい
心をもっている／いい人である」
☐ **talk about A behind A's
back**「A（人）の陰口を言う」

117　☐☐☐☐☐

A : スーパーに行くときはほとんど毎回，いくつか買うの
を忘れるの。

B : これ以上忘れることがないように，買い物リストを書
き始めたほうがいいかもしれないね。

☐ **every time【接続詞】**「…する
ときは毎回／毎回…するたび
に」
☐ **You may want to do**「…な
さったほうがよろしいでしょう
（穏やかな助言を表す）」

118　☐☐☐☐☐

A : 先週行ったハイキングはどうだったの?

B : とても驚いたことに，ぼくたちは森の中を歩いてる間
に，クマに突然出くわしたんだよ。

☐ **go on a hike**「ハイキングに
行く」
☐ **(much) to A's surprise**「A
（人）が（とても）驚いたことに」
☐ **come upon A**「A に出くわす
／A を偶然見つける」

119　☐☐☐☐☐

A : 昨晩，ヘンリーの家で楽しく過ごしたんでしょ?

B : うん。夜中の 12 時に出たよ。

☐ **have a good time**「楽しく過
ごす」

120　☐☐☐☐☐

A : いつ私に会うのが都合がいいですか。

B : 4 月 20 日は一日中空いてるので，その日が一番私に
は都合がいいです。

☐ **When is it convenient for
A to do ...?**「A（人）にとって，
いつ…するのが都合がいいで
すか」
☐ **work for A**「（日時・状況など
が）A（人）に都合がいい」

121 ☒☒☒☒☒

A : You haven't seen Tetsuo for a long time, have you?

B : No. The last time I saw him was **in** March 2013.

122 ☒☒☒☒☒

A : Has Dad gone to the dentist already?

B : No, not yet. He said he's having his checkup **in** the afternoon.

123 ☒☒☒☒☒

A : I'd like to buy these. Where should I pay?

B : You can pay for them **at** the cash register over there on your right.

124 ☒☒☒☒☒

A : You know so much about Japan even though you're an American.

B : That's because I've been living **in** Japan since before you were born.

125 ☒☒☒☒☒

A : Your apartment building has many floors. Which floor do you live on?

B : I live **on** the 12th floor. I can enjoy watching fireworks from my apartment in summer.

121 ☒☒☒☒☒

A：長い間，テツオに会っていないんでしょ？

B：そうだね。最後に彼に会ったのは 2013 年の 3 月だったよ。

□ **No**「はい（会っていない）」
* この No. は No, I haven't seen him. ということ。英語では返答が否定の内容なら No を用いるので，質問が否定疑問文の場合日本語と答え方が逆になる。

122 ☒☒☒☒☒

A：お父さんはもう歯医者に行ったの？

B：いや，まだよ。午後に診察を受けるって言ってたわ。

□ **have a checkup**「診察を受ける」

123 ☒☒☒☒☒

A：これらを買いたいんですけど。どこで支払えばいいですか。

B：向こうの右側にあるレジでお支払いができます。

□ **cash register**「（お店の）レジ」
cf. **cashier**「（お店で）レジを打つ人」
□ **over there**「向こうに」
□ **on A's right**「A（人）の右側に」

124 ☒☒☒☒☒

A：あなたはアメリカ人なのに，日本についてとてもたくさん知っていますね。

B：それは，あなたが生まれる前から私が日本に住んでいるからですよ。

□ **even though SV**「（実際に）…であるのに［ではあるが］」
* even if SV「たとえ…でも」は何かを仮定して使うが，仮定する内容が事実であるかどうかとは関係なく使える。

125 ☒☒☒☒☒

A：あなたのマンションは階数が多いわね。何階に住んでるの？

B：12 階に住んでるよ。夏には部屋から花火を見て楽しめるんだ。

□ **apartment building**「アパート［マンション］の建物」
* アパート［マンション］の 1 世帯分の住居を指す場合は，単に apartment と言う。

Vintage 3rd Edition

126 ☒☒☒☒☒

A : You look as though you didn't get much sleep last night.

B : I didn't. I was up studying for the chemistry test **untill** 4 a.m. this morning.

127 ☒☒☒☒☒

A : By when do you want me to finish this project?

B : Ideally, I'd like it finished **by** June.

128 ☒☒☒☒☒

A : What do you think of this new sweater?

B : It looks very good on you. We have similar taste in clothes. I have a sweater just **like** that.

129 ☒☒☒☒☒

A : If I were rich, I would be happier.

B : No matter how rich you are, you can't buy happiness **with** money.

130 ☒☒☒☒☒

A : Where is the nearest shopping mall?

B : It's a long way from here. It takes at least two hours to get there **by** car.

---

126 ☐☐☐☐☐

A : 昨晩はあまり寝てないように見えるわね。

B : 寝てないよ。今朝の4時まで化学のテストのために勉強して起きてたんだ。

☐ **look as though SV**「（外見から）…のように見える」（= look as if SV）
☐ **be up doing**「…しながら起きている」

---

127 ☐☐☐☐☐

A : いつまでにこのプロジェクトを私に終わらせてほしいのですか。

B : 理想的には，6月までに終わらせてほしいです。

☐ **by when**「いつまでに」
* ここの文頭の by を文末に回すと，よりくだけた言い方になる。
☐ **would like A done**「A を…してもらいたい／A が…されることを望む」

---

128 ☐☐☐☐☐

A : この新しいセーターどう思う?

B : 君にとても似合ってるよ。ぼくたち服の趣味が似てるね。ちょうどそんなようなセーター持ってるんだ。

☐ **A looks good on B**「A（衣服）が B（人）に似合う」
* 同じ意味を B（人）looks good in A（衣服）とも言える。
☐ **taste in A**「A（服装・芸術など）のセンス／趣味／好み」

---

129 ☐☐☐☐☐

A : もし私がお金持ちだったら，もっと幸せなのになあ。

B : どんなにお金持ちでも，お金で幸せは買えないよ。

☐ **no matter how ＋形容詞＋ SV**「どんなに〈形容詞〉でも」
* however ＋形容詞＋ SV で書き換え可能だが，no matter how ... のほうがより口語的。

---

130 ☐☐☐☐☐

A : 一番近いショッピングモールはどこですか。

B : ここから遠いですよ。車でそこに行くのに少なくとも2時間かかります。

☐ **a long way from A**「A（場所）から遠い／距離がある」
☐ **get there**「そこに着く」（= arrive there）
* there は名詞ではなく副詞。
  × get to there とはしない。

Vintage 3rd Edition

131 ☒☒☒☒☒

A : It's starting to get cool at night, isn't it?

B : Yes. These days I sleep **with** the window open, so I don't have to use the air conditioner.

132 ☒☒☒☒☒

A : Do you know the result of the art competition that Hiroki entered?

B : Yes. **Despite** his effort, he failed to win a prize. He's still planning to enter the next competition, though.

133 ☒☒☒☒☒

A : I uploaded a new singing video to my website. Watch it.

B : I can't wait. You have a great talent for singing. If only I could sing **as** well **as** you!

134 ☒☒☒☒☒

A : Believe it or not, I saw a crow playing on a slide yesterday.

B : I can believe it. Some say that crows are about **as** smart **as** seven-year-old human children.

135 ☒☒☒☒☒

A : I can't solve such a difficult problem.

B : It's **not as** difficult **as** you think. Take your time.

---

131 ☐☐☐☐☐

A : 夜，涼しくなってきたわね。

B : そうだね。この頃，窓を開けたままで寝てるから，
エアコンを使う必要がないんだ。

☐ **be starting to do**「…し始めている／…してきた」
☐ **air conditioner**「エアコン」

---

132 ☐☐☐☐☐

A : ヒロキが参加した芸術コンテストの結果知ってる？

B : うん。彼の努力にもかかわらず，賞を逃したよ。でも，
彼はまだ次のコンテストに参加するつもりでいるよ。

☐ **fail to do**「(期待・必要などに反して)…しない／…し損なう」

---

133 ☐☐☐☐☐

A : 自分のサイトに新しい歌ってる動画をアップロードしたの。見てみてよ。

B : 待ち切れないなあ。君は歌のすばらしい才能があるよ。ぼくも君くらい上手に歌えたらなあ！

☐ **If only S could ...!**「(現在の事実に反する願望を表し) S が…できればいいのになあ」
* I wish ＋仮定法よりも強い願望を表す。

---

134 ☐☐☐☐☐

A : 信じられないような話だけど，昨日カラスが滑り台で遊んでるのを見たの。

B : 信じられるよ。カラスは人間の7歳児とだいたい同じくらい賢いって言う人もいるしね。

☐ **Believe it or not, SV**「信じられないような話だが…」
☐ **Some say (that) SV**「…だと言う人もいる」

---

135 ☐☐☐☐☐

A : こんな難しい問題は解けません。

B : あなたが思っているほど，それは難しくないですよ。
じっくりやってください。

☐ **solve a problem**「問題を解決する／解く」
cf. **answer a question**「質問に答える」
☐ **take one's time**「じっくり[ゆっくり／のんびり]やる」

Vintage 3rd Edition

136 ☒☒☒☒☒

A : Wow! Your new TV is so big!

B : Yes. It has about **twice as** big a screen **as** my old one. It was a major upgrade.

137 ☒☒☒☒☒

A : You've got a new smartphone. The new one and your old one can't be very different, can they?

B : You'd be surprised! The new one can process data **four times as** fast **as** my old one.

138 ☒☒☒☒☒

A : Your sister is so cute. She's only two months old, right?

B : Yes. When she's sleeping, I try to talk **as** quietly **as possible** so as not to wake her.

139 ☒☒☒☒☒

A : How often do you go sailing?

B : I try to go **as** many times **as I can** every month. Last month, I went sailing as many as six times.

140 ☒☒☒☒☒

A : I may fail the math exam. Most of the questions made no sense to me.

B : Me too. It was **much more difficult than** I had expected.

---

136 ☐☐☐☐☐

A: うわー！　あなたの新しいテレビはとても大きいの
　　ね！

B: そうだよ。画面はうちの古いやつのだいたい2倍だ。
　　大幅なグレードアップだったよ。

☐ **about A**「およそ［約］A(数量)」
☐ **upgrade**「グレードアップ／性
　能［機能］向上」

---

137 ☐☐☐☐☐

A: 新しいスマートフォンを持ってるのね。その新しいの
　　とあなたの古いのとでそんなに違ってるはずないで
　　しょ？

B: 驚くぞ！　この新しいのは，ぼくの古いやつの4倍
　　の速さでデータを処理できるんだ。

☐ **have got A**「A を持っている」
　(= have A)
＊ You've got ... のように短縮形
　で用いるのが一般的。

---

138 ☐☐☐☐☐

A: あなたの妹とてもかわいいわね。まだ生後2か月よ
　　ね？

B: そうだよ。妹が寝ているとき，起こさないようにでき
　　るだけ小声で話すようにしてるんだ。

☐ **two months old**「生後2か
　月」

---

139 ☐☐☐☐☐

A: どれくらいの頻度でヨットに乗りに行くんですか。

B: 毎月できるだけ多く行くようにしています。先月は，6
　　回も行きました。

☐ **How often ... ?**「どれくらい
　の頻度で…か」
☐ **as many as A**「A (数詞を含
　む表現) もの多くの」
＊ 数が多いことを強調する表現。

---

140 ☐☐☐☐☐

A: 数学の試験で落第点を取るかもしれないわ。問題の
　　ほとんどがちんぷんかんぷんだった。

B: ぼくもだよ。予想してたより，はるかに難しかったよ。

☐ **fail A**「A (試験・テスト) に落
　ちる／落第する」
☐ **make no sense to A**「A(人)
　にとってまったく意味をなさな
　い／A (人) にまったく理解で
　きない」

Vintage 3rd Edition

141 ☒☒☒☒☒

A : Was the restaurant you went to yesterday crowded?　I hear a lot of people wait in line there.

B : It was **less crowded than** I thought it would be, probably because of the rain.

142 ☒☒☒☒☒

A : I saw John for the first time in many years.　He's become so handsome that I hardly recognized him!

B : I've known him for a long time.　**The older** he grows, **the more attractive** he becomes.

143 ☒☒☒☒☒

A : Why are you cutting back on your workload?

B : First, I want to have more free time.　Second, **the more money** I make, **the more unnecessary things** I buy.

144 ☒☒☒☒☒

A : How many books do you read a year?

B : I make it a rule to read **more than** 30 books a year.

145 ☒☒☒☒☒

A : I love your outfit today!

B : Thanks.　I bought all of these clothes at a flea market.　They cost me **less than** two thousand yen in total.

---

141 ☐☐☐☐☐

A：あなたが昨日行ったレストランは混んでた？　たくさんの人がそこで並んで待ってるって聞くけど。

B：思っていたより混んでなかったよ。たぶん雨のせいだろうね。

☐ **wait in line**「(1列に)並んで待つ」

---

142 ☐☐☐☐☐

A：ジョンに何年ぶりかで会ったわ。とてもハンサムになってたから，まるで別人のようだったわ！

B：彼のことは長い間ずっと知ってるよ。成長すればするほど，ますます彼は魅力的になるね。

☐ **for the first time in A**「A(期間)ぶりに」
☐ **recognize A**「(過去に見聞きした記憶・経験から)Aだとわかる」
☐ **grow old**「年をとる」

---

143 ☐☐☐☐☐

A：なぜ，あなたは仕事量を減らしているのですか。

B：第一に，もっと自由な時間をもちたいからです。第二に，お金を稼げば稼ぐほど，ますます多くの不必要なものを買ってしまうからです。

☐ **cut back on A**「A(仕事量・出費・人員など)を削減する」
☐ **First, SV ... . Second, SV ~ .**「第一に…。第二に~。」
* 具体例などの情報を列挙するときに使う表現。

---

144 ☐☐☐☐☐

A：年に何冊本を読みますか。

B：年に30冊以上読むのを決まりにしています。

☐ **a year**「一年につき」(= per year)
☐ **make it a rule to do**「…するのを決まりにしている」

---

145 ☐☐☐☐☐

A：今日の服装すごくいいね！

B：ありがとう。この服全部フリーマーケットで買ったの。合計で2000円しなかったのよ。

☐ **in total**「合計で」

Vintage 3rd Edition

146 ☒☒☒☒☒

A : How did you spend your weekend?

B : I went to the foot of Mt. Kumotori on my motorcycle. It's **the highest** mountain **in** Tokyo.

147 ☒☒☒☒☒

A : Do you get along with Naoto?

B : In general, yes. But there **are times** when we have big disagreements.

148 ☒☒☒☒☒

A : What do you want to know?

B : I want to know **how** I can get in touch with her.

149 ☒☒☒☒☒

A : Remi doesn't think very highly of her father.

B : She doesn't seem to know **how much** she owes to her father.

150 ☒☒☒☒☒

A : I'm making some soft-boiled eggs. I'll eat them in place of a snack later.

B : Be careful **how long** you boil them.

146 ☐☐☐☐☐

A: 週末はどう過ごしたの?

B: バイクで雲取山のふもとに行ったよ。東京で一番高い山なんだ。

☐ **motorcycle**「オートバイ／バイク」(= motorbike)
* bike は「自転車」を表すのが普通。「オートバイ」の意味を明確に表すには motorcycle / motorbike を用いる。

147 ☐☐☐☐☐

A: ナオトとうまくやってる?

B: おおむね, うまくやってるわ。でも, 大きな意見の相違があるときもあるの。

☐ **get along with A**「A (人) と仲よくやっていく／よい関係にある」

148 ☐☐☐☐☐

A: 何を知りたいのですか?

B: 彼女にどうやって連絡を取れるかを知りたいのです。

☐ **get in touch with A**「A (人) と連絡を取る」〈動作〉
cf. **be in touch with A**「A (人) と連絡を取っている」〈状態〉

149 ☐☐☐☐☐

A: レミは父親をあまり高く評価してないの。

B: 彼女は父親からどれほど恩恵を受けているかわかってないようだね。

☐ **think highly of A**「A (人) を高く評価する」
☐ **owe A to B**「B (人) に A (恩義など) を負っている／ B (人・店など) に A (お金) を借りている」

150 ☐☐☐☐☐

A: 半熟卵をいくつか作ってるんだ。あとでおやつ代わりに食べるよ。

B: ゆで時間に気をつけてね。

☐ **in place of A**「A の代わりに」
☐ **Be careful (about[of]) how ...**「どれくらい [どのように] …かを気をつけなさい」
* 疑問詞節 [句] の前の前置詞は省略されることが多い。

151 ☒☒☒☒☒

A : Here we are. This is the tallest statue of Buddha in the world.

B : Wow! It's huge. I wonder **how tall it is**.

152 ☒☒☒☒☒

A : My phone number is 111-2222-3333. Shall I give you my address next?

B : One moment, please. Let me **write it down** first.

151 ▢▢▢▢▢

A : さあ着いた。これが世界で一番高さがある仏像だよ。

B : わぁ！　すっごく大きい。どれくらいの高さがあるのかしら。

□ **Here we are.**「さあ着いた」
□ **I wonder how tall S is.**「Sはどれくらいの高さなんだろうかと思う」

152 ▢▢▢▢▢

A : 私の電話番号は 111-2222-3333 です。次に住所をお伝えしましょうか。

B : ちょっと待ってください。まず書き留めさせてください。

□ **One moment, please.**「ちょっとお持ちください」
□ **write A down / write down A**「A（情報・考えなど）を書き留める」